WIE MAN AUFHÖRT, ZU VIEL ZU DENKEN

Praktische Übungen, um sich selbst zu verbessern, negative Gedanken zu überwinden, Emotionen und Führungsqualitäten zu beherrschen. Emotionale Intelligenz.
BONUS: Wie man Angstzustände und Panikattacken kontrolliert.

ANJA ZIMMERMAN

© Copyright 2023 - Alle Rechte vorbehalten.

Der Inhalt dieses Buches darf ohne direkte schriftliche Genehmigung des Autors oder des Herausgebers nicht reproduziert, vervielfältigt oder übertragen werden. Unter keinen Umständen kann der Herausgeber oder der Autor für Schäden, Wiedergutmachung oder finanzielle Verluste, die direkt oder indirekt auf die in diesem Buch enthaltenen Informationen zurückzuführen sind, haftbar gemacht werden.

Rechtlicher Hinweis:
Dieses Buch ist urheberrechtlich geschützt. Es ist nur für den persönlichen Gebrauch bestimmt. Ohne die Zustimmung des Autors oder Herausgebers dürfen Sie keine Teile oder den Inhalt dieses Buches verändern, verteilen, verkaufen, verwenden, zitieren oder paraphrasieren.

Hinweis zum Haftungsausschluss:
Bitte beachten Sie, dass die in diesem Dokument enthaltenen Informationen nur für Bildungs- und Unterhaltungszwecke bestimmt sind. Es wurden alle Anstrengungen unternommen, um genaue, aktuelle, zuverlässige und vollständige Informationen zu liefern. Es werden keine Garantien jeglicher Art erklärt oder impliziert. Der Leser erkennt an, dass der Autor keine rechtliche, finanzielle, medizinische oder professionelle Beratung anbietet. Der Inhalt dieses Buches wurde aus verschiedenen Quellen entnommen. Bitte konsultieren Sie einen zugelassenen Fachmann, bevor Sie die in diesem Buch beschriebenen Techniken ausprobieren.

Mit der Lektüre dieses Dokuments erklärt sich der Leser damit einverstanden, dass der Autor unter keinen Umständen für direkte oder indirekte Verluste verantwortlich ist, die durch die Nutzung der in diesem Dokument enthaltenen Informationen entstehen, einschließlich, aber nicht beschränkt auf Fehler, Auslassungen oder Ungenauigkeiten.

WIE MAN AUFHÖRT, ZU VIEL ZU DENKEN

wurde veröffentlicht von A Book For press

www.abookforpress.com
info@abookforpress.com

Das Kopieren, Drucken und Veröffentlichen ohne Genehmigung ist nicht gestattet.
Copyright © 2023 A BOOK FOR PRESS und seine Lizenznehmer.
Alle Rechte vorbehalten.

Tragen Sie sich in unsere E-Mail-Liste ein, um NEUE BÜCHER zu erhalten

abookforpress.com/free-books-de/

und treten Sie der Facebook-Gruppe bei, um Updates und neue Bücher zu bekommen.

@abookforpress

ANJA ZIMMERMAN ist urheberrechtlich geschützt von A BOOK FOR press.

Kurze Einführung

Jeden Tag werden wir mit neuen Reizen konfrontiert, die unser Gehirn aufnimmt und speichert.
Es speichert neue Informationen und merkt sie sich für eine gewisse Zeit, solange sie ihm wichtig erscheinen. Um die Informationen zu behalten, muss es von Zeit zu Zeit daran erinnert werden. Mit "Neuprogrammierung des Geistes" meine ich die Neuroplastizität, den wissenschaftlichen Begriff für die Umgestaltung unseres Gehirns, um neue Gefühle und Daten zu erfahren. Die ersten Experimente zur Neuroplastizität wurden 1899 von dem russischen Psychologen Ivan Pavlov durchgeführt.
Er kam auf die Theorie der klassischen Konditionierung, als er das Verdauungssystem von Hunden studierte. Im Labor hielt er einen Hund ohne Futter unter Kontrolle. Als der Hund gefüttert wurde, begann er zu speicheln, und Pawlow maß die Menge des vom Hund abgesonderten Speichels. Pawlow kam zu dem Schluss, dass der Speichelfluss des Hundes ein natürlicher Reiz war.
Beim nächsten Mal begann er, jedes Mal, wenn er ihm Futter gab, ein Glöckchen zu läuten. Der Hund hörte das Glöckchen jedes Mal, bevor er das Futter sah, und begann dann zu speicheln. Pawlow setzte dieses Experiment einige Tage lang fort und stellte fest, dass der Hund nur dann zu speicheln begann, wenn er den Klang der Glocke hörte, auch wenn er kein Futter bekam. Pawlow maß die Speichelmenge und stellte fest, dass es die gleiche Speichelmenge war, wie wenn der Hund aufgrund des natürlichen Reizes des Futters speichelte. Daraus schloss er, dass wir dazu neigen, zwei Dinge, die nicht miteinander verbunden sind, aber über einen bestimmten Zeitraum hinweg präsentiert werden, miteinander zu verbinden, wie es der Hund mit der Glocke und dem Futter tat.
Dies wird als konditioniertes Lernen bezeichnet, bei dem der Verstand lernt, einen Reflex und eine Reaktion auf etwas zu haben, ohne darüber nachzudenken. Im folgenden Buch werde ich Themen behandeln, die Ihnen helfen werden, Nervosität loszulassen und Sie zu einer Person auf dem Weg der Besserung zu machen.

INHALTSÜBERSICHT

KURZE EINFÜHRUNG 5

KAPITEL 1: WIE IHR GEHIRN FUNKTIONIERT 7
- BEWUSSTES DENKEN 7
- UNTERBEWUßTSEIN 8
- LINKE UND RECHTE HEMISPHÄRE: WIE SIE SIE ZU IHREM VORTEIL NUTZEN KÖNNEN 11

KAPITEL 2: MENTALE UMPROGRAMMIERUNG 14
- TIPPS ZUR UMPROGRAMMIERUNG IHRES GEISTES 16
- ÜBUNGEN UND MENTALE UMPROGRAMMIERUNG..19

KAPITEL 3: NEUROPLASTIZITÄT UND NEUROWISSENSCHAFTEN 24
- ÄNGSTE..27
- GEDANKEN VON SOZIALWISSENSCHAFTLERN ZUM THEMA ANGST 28
- NEUROWISSENSCHAFTLICHE ÜBERLEGUNGEN ZU ÄNGSTEN 29
- WARUM UNSERE SCHLECHTEN GEWOHNHEITEN SO HARTNÄCKIG SIND 30
- DIE KETTEN BRECHEN 31
- WAS IST ACHTSAMKEIT? 33

KAPITEL 4: WIE MAN AUFHÖRT, ZU VIEL NACHZUDENKEN 35
- PRAKTISCHE ÜBUNGEN 38
- PRAKTISCHE TIPPS ZUR SOFORTIGEN VERBESSERUNG 41

KAPITEL 5: NATÜRLICHE ARZNEIMITTEL: NEGATIVITÄT MIT POSITIVITÄT ÜBERSCHREIBEN 43
- SPIEGELNEURONEN 43
- HÖREN SIE SICH SELBST ZU 47
- FREUNDSCHAFT 48

KAPITEL 6: KANN SICH IHR GEHIRN NEU PROGRAMMIEREN? 50
- WIE MAN AUFHÖRT, SICH ZU SORGEN...50
- WIE MAN AUFHÖRT, ANGST ZU HABEN 53
- WIE HELFEN AFFIRMATIONEN UND MANTRAS DABEI, DEN GEIST NEU ZU PROGRAMMIEREN? 56
- POSITIVE AFFIRMATIONEN ZUR BEWÄLTIGUNG VON STRESS, ÄNGSTEN UND SORGEN 58

BONUS KAPITEL 7: WIE SIE ANGST UND PANIKATTACKEN KONTROLLIEREN KÖNNEN.... 61
- MITTEL GEGEN ANGSTZUSTÄNDE 61
- HEILMITTEL FÜR PANIKATTACKEN 66
- MITTEL GEGEN STRESS UND FÜR DIE INNERE WIEDERGEBURT....................................72
- GEWINNEN SIE IHR LEBEN ZURÜCK 84
- KRISEN UND RÜCKFÄLLE BEWÄLTIGEN...96
- HIER UND JETZT 100
- SCHLUSSFOLGERUNG 104
- REFERENZEN 105

Kapitel 1: Wie Ihr Gehirn funktioniert

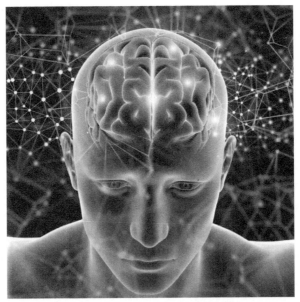

Abbildung 1: Credits freepik.com

Bewusstes Denken

Selbstbewusstsein bedeutet, dass man sich dessen, was um einen herum geschieht, voll bewusst ist und entsprechend darauf reagiert; unser bewusster Verstand ist praktisch und analytisch. Der bewusste Verstand spielt eine wichtige Rolle beim Reagieren auf Reize. Er hat kein eigenes Gedächtnis und kann nur einen Gedanken auf einmal speichern. Er identifiziert Informationen und leitet die motorische Wirkung an unsere Sinnesorgane und Körperteile weiter, um Aktionen auszuführen. Der bewusste Verstand ist auch in der Lage, Dinge zu vergleichen. Bestimmte

Erinnerungen, die in unserem Unterbewusstsein gespeichert sind, werden von unserem bewussten Verstand genutzt, um die aktuelle Situation mit der vorherigen zu vergleichen. Darüber hinaus kann unser bewusster Verstand Gedanken analysieren und daraus Schlussfolgerungen ziehen, was seine wichtigste Tätigkeit ist.

Unterbewußtsein

Unser Unterbewusstsein steuert alle unsere unwillkürlichen Handlungen und ist ein Speicher für Gedanken, Emotionen und Gefühle. Unwillkürliche Handlungen wie Herzschlag, Atemfrequenz, Peristaltikbewegungen und Organfunktionen werden vom Unterbewusstsein gesteuert. Es speichert auch alle Informationen, die es erhält, über einen längeren Zeitraum als unser bewusster Verstand. Die Dinge, die wir unbewusst tun, sind das Ergebnis des Unterbewusstseins, das unabhängig von unserem Willen arbeitet.

Das Unterbewusstsein des Menschen stellt einen bedeutenden Teil unserer Psyche dar. Es ist eine Bewusstseinsebene unterhalb unseres unmittelbaren Bewusstseins, auf der Gedanken, Gefühle, Überzeugungen und Erinnerungen angesiedelt sind, die unser Verhalten, unsere Entscheidungen und Einstellungen beeinflussen. Das Unterbewusstsein fungiert als Speicher für Informationen und Erfahrungen, die wir im Laufe unseres Lebens angesammelt haben, oft ohne uns dessen bewusst zu sein.

Die Rolle des Unterbewusstseins in unserem Leben ist entscheidend. Es fungiert als mächtiges Leitsystem, das unsere Gewohnheiten, unser Verhalten und unsere automatischen Reaktionen beeinflusst. Ein Großteil unseres täglichen Handelns wird von Denk- und Verhaltensmustern gesteuert, die im Unterbewusstsein angesiedelt sind. Diese Muster können positiv oder negativ sein und beruhen auf Glaubenssätzen und Eindrücken, die wir im Laufe der Jahre entwickelt haben.

Das Unterbewusstsein kann jedoch auch den Wandel behindern. Wir sind oft in negativen und einschränkenden Mustern gefangen, die aus früheren Erfahrungen, Ängsten, Unsicherheiten oder einschränkenden Überzeugungen stammen, die sich in unserem Unterbewusstsein festgesetzt haben. Diese Muster können unsere Bemühungen um Veränderung und Selbsttranszendenz sabotieren, indem sie alte Gewohnheiten beibehalten und uns beim Erreichen unserer Ziele einschränken.

Um das Unterbewusstsein mit neuen Gewohnheiten und positiven Denkmustern zu überlisten, müssen einige wichtige Punkte von Anfang an beachtet werden:

1. **Bewusstheit**: Werden Sie sich Ihrer Gedankenmuster und negativen Verhaltensmuster bewusst, die in Ihrem Leben auftauchen. Erkennen Sie, wann Sie von Ihrem Unterbewusstsein gesteuert werden, und lernen Sie, Gedanken oder Überzeugungen zu identifizieren, die Ihre Veränderung behindern.

2. **Selbstuntersuchung**: Untersuchen Sie die Wurzeln Ihrer negativen Denkmuster. Fragen Sie sich, woher diese Überzeugungen stammen und wie sie sich im Laufe der Zeit entwickelt haben. Oft werden Sie feststellen, dass sie durch frühere Erfahrungen, Meinungen anderer oder einschränkende Glaubenssätze, die nicht mehr gültig sind, beeinflusst wurden.

3. **Umschreiben von Mustern**: Sobald Sie einschränkende Glaubenssätze identifiziert haben, können Sie damit beginnen, sie mit neuen positiven und ermutigenden Affirmationen umzuschreiben. Erstellen Sie Affirmationen, die die gewünschte Veränderung unterstützen, und wiederholen Sie sie regelmäßig, sowohl bewusst als auch unbewusst. Wenn Ihr einschränkender Glaubenssatz zum Beispiel lautet: "Ich bin nicht gut genug", können Sie ihn umschreiben in "Ich bin kompetent und fähig, Erfolg zu haben".

4. **Wiederholung und Verstärkung:** Um das Unterbewusstsein außer Kraft zu setzen, ist es notwendig, neue Denkmuster und Gewohnheiten ständig zu wiederholen. Dies erfordert Zeit und Hingabe. Verwenden Sie Techniken wie die tägliche Affirmation, Visualisierung, das Schreiben von Zielen und Meditation, um Ihr Engagement für die gewünschte Veränderung zu stärken.

5. **Schaffen Sie ein unterstützendes Umfeld:** Ändern Sie Ihr Umfeld, um den Wandel zu unterstützen. Beseitigen Sie negative oder ablenkende Einflüsse, umgeben Sie sich mit Menschen, die Sie ermutigen und inspirieren, und schaffen Sie einen physischen Raum, der Ihnen hilft, sich zu konzentrieren und motiviert zu bleiben.

6. **Arbeiten Sie mit einem Fachmann zusammen**: Wenn es Ihnen schwerfällt, Ihr Unterbewusstsein zu überwinden, kann es hilfreich sein, mit einem Therapeuten oder Coach zusammenzuarbeiten, der Sie durch den Veränderungsprozess führt und Sie bei der Bewältigung von Herausforderungen, die auf dem Weg dorthin auftreten können, unterstützt.

Denken Sie daran, dass das Überschreiben des Unterbewusstseins Zeit, Geduld und ständige Bemühungen erfordert. Erwarten Sie keine sofortigen radikalen Veränderungen, sondern seien Sie offen für kleine Fortschritte, die sich mit der Zeit einstellen. Mit Übung und Ausdauer können Sie neue Gewohnheiten und Denkmuster schaffen, die Sie dabei unterstützen, Ihre Ziele zu erreichen und ein erfüllteres Leben zu führen.

Linke und rechte Hemisphäre: wie Sie sie zu Ihrem Vorteil nutzen können

Einleitung:
Das menschliche Gehirn ist ein einzigartiges Organ, das alle körperlichen und geistigen Funktionen steuert. Es besteht aus zwei Teilen: der linken und der rechten. Diese beiden Hemisphären spielen unterschiedliche und sich ergänzende Rollen und beeinflussen unser Denken, unsere Persönlichkeit und unsere kognitiven Fähigkeiten. Das Verständnis der Unterschiede zwischen der linken und der rechten Gehirnhälfte kann uns helfen, mehr über uns selbst zu erfahren und das Potenzial unseres Gehirns voll auszuschöpfen.

Linke Hemisphäre.
Linguistische, analytische und rationale Funktionen werden häufig mit der

linken Gehirnhälfte in Verbindung gebracht. Die rechte Hemisphäre wird von ihr gesteuert und ist an Sprache, Logik, Analyse und sequentiellem Denken beteiligt. Mathematik, verbale Sprache, Lesen und Schreiben sind ihre Aufgaben.

Rechte Hemisphäre.

Die rechte Hemisphäre des Gehirns hingegen ist eher mit intuitiven, kreativen und räumlichen Funktionen verbunden. Sie steuert die linke Seite des Körpers und ist an der visuellen Wahrnehmung, der Vorstellungskraft, der Kreativität und dem Verständnis räumlicher Muster und Beziehungen beteiligt. Die rechte Hemisphäre ist bekannt für ihre Fähigkeit zu intuitivem, globalem und künstlerischem Denken. Sie ist an der Erkennung von Gesichtern, der Wertschätzung von Kunst, Musik und dem Verstehen nonverbaler Botschaften beteiligt.

Komplementarität und Interaktion:

Es ist wichtig zu betonen, dass die linke und die rechte Gehirnhälfte nicht isoliert funktionieren, sondern ständig in Wechselwirkung stehen. Die Verbindung zwischen den beiden Hemisphären ermöglicht eine Synergie der kognitiven Funktionen. Während sich die linke Hemisphäre auf Logik und Analyse konzentriert, bringt die rechte Hemisphäre Kreativität und Intuition in die Entscheidungsfindung ein. Es ist das Gleichgewicht zwischen diesen beiden Fähigkeiten, das es uns ermöglicht, ein tiefes und umfassendes Verständnis für die Welt um uns herum zu erlangen.

Nutzung des Potenzials der beiden Hemisphären:

Um das Potenzial des menschlichen Gehirns voll auszuschöpfen, ist es wichtig, sowohl die linke als auch die rechte Gehirnhälfte zu entwickeln und zu kultivieren. Dies kann durch eine Reihe von Aktivitäten erreicht werden, die beide Gehirnhälften stimulieren. Das Erlernen neuer Sprachen, die Ausübung von Musik, die Ausübung von Kreativität durch Kunst oder Schreiben, das Lösen komplexer Probleme und die Erkundung neuer Umgebungen können beispielsweise die Synergie zwischen den beiden Gehirnhälften fördern.

Die linke und die rechte Hemisphäre des menschlichen Gehirns arbeiten synergetisch zusammen, um uns zu befähigen, die Welt umfassend zu erfassen. Das Verständnis der Unterschiede und einzigartigen Eigenschaften beider Seiten ermöglicht es uns, unsere kognitiven Fähigkeiten zu schätzen und ein Gleichgewicht zwischen Logik und Kreativität zu entwickeln. Das Potenzial unseres Gehirns zu nutzen bedeutet, beide Gehirnhälften durch verschiedene Aktivitäten zu stimulieren und zu kultivieren. Auf diese Weise machen wir uns die Komplexität unseres Gehirns zu eigen und entdecken die Kraft beider Gehirnhälften für ein reicheres und befriedigenderes Leben.

Kapitel 2: Mentale Umprogrammierung

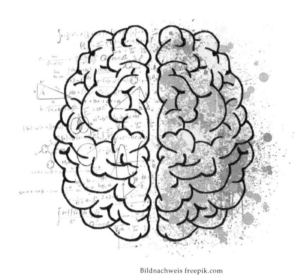

Abbildung 2:
Bildnachweis freepik.com

Unser Gehirn ist einer ständigen Veränderung unterlegen, es ist dynamisch und formt sich in Abhängigkeit von unserer Umgebung, den Menschen und den Informationen, die es wahrnimmt, ständig neu, doch unsere Herangehensweise und unsere Art, die Dinge zu sehen, wird mit zunehmendem Alter immer statischer.

Wissen Sie, warum?

Alles geschieht aufgrund von Paradigmen, die aus alten Überzeugungen, Ideologien, Religionen und den vorherrschenden Gedanken, die wir in unserem Bewusstsein haben, stammen. Das Paradigma ist die gewohnte Art zu denken und beeinflusst die Art und Weise, wie wir die Dinge betrachten.

Bei der mentalen Umprogrammierung geht es um die Umstrukturierung des Paradigmas und möglicherweise unserer Wahrnehmung, wenn wir die Dinge betrachten, um Situationen und Umstände mit einem anderen Ansatz anzugehen. Die meisten Menschen unserer Zeit leben mit einem negativen Paradigma, sie konzentrieren sich auf die negativen oder schwachen Aspekte einer jeden Situation. Die Kraft hinter diesem negativen Ansatz ist die Angst. Aber was ist Furcht?

Angst ist einfach die Erwartung, dass in der Zukunft etwas schief gehen wird. Und wie wir erwarten, gehen die Dinge schief, weil alle Gedanken darauf hinarbeiten. Indem wir unseren Verstand umprogrammieren, versuchen wir, eine optimistische und hoffnungsvolle Sicht der Dinge zu entwickeln. Aber was ist Hoffnung?

Die Hoffnung unterscheidet sich von der Angst, weil sie sich auf den Glauben konzentriert, dass uns in der Zukunft etwas Gutes erwartet. Glaube bedeutet, große Dinge zu erwarten und geduldig an das Unsichtbare zu glauben. Sowohl Angst als auch Hoffnung zielen auf etwas in der Zukunft ab, aber was wir wählen, hängt von unserem Paradigma ab. Das Paradigma lässt sich nicht von heute auf morgen ändern, aber um unseren Geist neu zu programmieren, ist jetzt die beste Zeit dafür.

Tipps zur Umprogrammierung Ihres Geistes

Wir denken immer nur an unsere Vergangenheit und unsere Zukunft und vernachlässigen dabei die Dinge, die in unserer Gegenwart geschehen. Die Gegenwart ist der Moment, in dem unser Leben stattfindet, und wenn wir unseren Geist klären können, verstehen wir, dass es der gegenwärtige Moment ist, der schließlich zu unserer Vergangenheit wird und unsere Zukunft sein wird. Lernen Sie also, Ihren Geist zu beruhigen, lassen Sie die Dinge los, die Sie in Ihrem Leben zurückhalten. Versuchen Sie, sich des gegenwärtigen Augenblicks bewusst zu werden, denn das ist der Moment, in dem alle Schöpfung geschieht. Alle Dinge, die wir uns wünschen, werden aus diesem Moment heraus entstehen.

Die Neuprogrammierung des Geistes besteht darin, den komplexen Entscheidungsprozess zu vereinfachen, verschiedene Möglichkeiten zu bewerten und den Denkprozess neu zu organisieren. Die Beruhigung des Geistes führt zu mehr Freiheit und Freude im Leben, indem sie zum Leitfaden für unseren Geist wird.

Das Paradigma gibt uns die Wahrnehmung von allem, was uns umgibt, wie Menschen, Orte, Gemeinschaften und Religionen. Unser Umfeld und unsere Nachbarschaft beeinflussen die Denkweise und die Überzeugungen, die wir haben. Eine Gewohnheit ist etwas, das wir regelmäßig und auf ähnliche Weise tun. Sie spiegelt die Entscheidungen und Vorlieben einer Person wider. Es gibt sowohl gute als auch schlechte Gewohnheiten. Gute Gewohnheiten helfen uns, unsere Fähigkeiten, unser Wissen und unsere Gesundheit zu verbessern, wie z. B. Fitnessstudio, Schwimmen, Lesen und Sport sind einige der Gewohnheiten, die als positiv angesehen werden, da sie zu unserem körperlichen, emotionalen und geistigen Wohlbefinden beitragen. Schlechte Gewohnheiten sind Dinge, die das Funktionieren unseres Körpers beeinträchtigen und unsere Fähigkeiten und Produktivität behindern. Etwas Schlechtes, Unangenehmes, Schädliches oder Unerwünschtes sind schlechte Gewohnheiten. Ob Schlafmangel, Bewegungsmangel, schlechte Ernährung oder Drogen- und Alkoholsucht - wir wissen, dass diese Dinge nicht gesund für uns sind.

Wir müssen verstehen, dass die Zeit kostbar und begrenzt ist. Um etwas zu gewinnen, müssen wir etwas loslassen. Wir können im Leben nicht alles auf einmal haben. Wir müssen unsere Prioritäten sorgfältig auswählen.

- Analysieren Sie zunächst Ihre Gewohnheiten und führen Sie dann schrittweise neue Gewohnheiten in Ihren Lebensstil ein.

- Arbeiten Sie an einer Sache nach der anderen, um den Blick für das Wesentliche nicht zu verlieren.

- Um sie zu organisieren, ist es wichtig, die eigenen Prioritäten zu kennen.

- Es wird Zeit und harte Arbeit erfordern.

- Erfolg ist ein kontinuierlicher Prozess.

- Studien der letzten Jahrzehnte über die Gehirne von Erwachsenen haben gezeigt, dass sich die Funktionsweise des Gehirns durch die veränderten Bedürfnisse und Erfahrungen des Einzelnen verändert und dass die Gehirnfunktion in den 30er Jahren abnimmt.

- Das Gehirn ist ein komplexes Organ, und trotz der enormen Entdeckungen, die wir über das Gehirn gemacht haben, ist es uns noch nicht gelungen, seine Funktionsweise vollständig zu verstehen.

- In Stresssituationen sucht das Gehirn den einfachen Ausweg, verbraucht so wenig Energie wie möglich für die Entscheidungsfindung und neigt daher zu alten Gewohnheiten.

- Nicht nur positive Emotionen können unseren Geist umprogrammieren, auch negative Emotionen wie Stress und Angst können gravierende Auswirkungen haben.

- Das Training erfordert Ausdauer, um den Verstand umzuprogrammieren; durch die Fortsetzung des Trainings wird das Gehirn lernen, irrelevante Informationen zu ignorieren, die ein Hindernis für verschiedene emotionale Ereignisse sein könnten.

- Um den Erfolg zu maximieren, wird es notwendig sein, sorgfältig zu meditieren, zu reisen und sich so weit wie möglich von Stressquellen zu entfernen.

Übungen und mentale Umprogrammierung

Abbildung 3: Bildnachweis freepik.com

Es gibt viele Gründe, körperlich aktiv zu sein. Die motivierendsten sind die Verringerung des Risikos von Herzkrankheiten, Schlaganfällen und Diabetes. Bewegung und körperliches Training senken den Blutdruck, erhöhen die Sauerstoffzufuhr und beugen Depressionen vor. Sie schützen das Gedächtnis und das Denkvermögen. Die Vorteile des körperlichen Trainings ergeben sich unmittelbar aus seiner Fähigkeit, die Insulinresistenz zu verringern, Entzündungen zu reduzieren und das Wachstum neuer Blutgefäße im Gehirn sowie die Wiederherstellung und das Überleben neuer Gehirnzellen anzuregen.

Bewegung verbessert die Gesundheit und den Schlaf und kann Stress und Ängste abbauen. Sie verbessert das Gehirn in mehrfacher Hinsicht. Sie erhöht die Herzfrequenz, wodurch mehr Sauerstoff zum Gehirn gepumpt wird und ein günstiges Umfeld für das Wachstum der Gehirnzellen entsteht.

Aerobic ist gut für den Körper und das Gehirn: Es verbessert nicht nur die Gehirnfunktion, sondern wirkt auch wie ein Erste-Hilfe-Kit für geschädigte Zellen.

Bewegung steigert die Gehirnaktivität und bereitet auf mentalen Stress vor. Es verbessert die Fähigkeit, neue Informationen aufzunehmen und besser auf kritische Situationen zu reagieren. Sowohl aerobes Training als auch Ausdauertraining kommen der kognitiven Funktion zugute.

In leichteren Fällen kann Bewegung die Stimmung verbessern, während in schwereren Fällen wie Depressionen die Fähigkeit des Gehirns, Informationen zu verarbeiten, verlangsamt wird, so dass es schwieriger wird, sich zu konzentrieren und Entscheidungen zu treffen. Bewegung steigert die Produktion von Serotonin und Dopamin, Gehirnchemikalien, die für Glücksgefühle entscheidend sind.

Bewegung verbessert die kognitiven Fähigkeiten, z. B. die Fähigkeit, sich auf komplexe Aufgaben zu konzentrieren, richtig zu denken, zu organisieren und zukünftige Ereignisse zu planen.

Menschen, die regelmäßig Sport treiben, tun dies in der Regel, weil es ihnen ein enormes Gefühl des Wohlbefindens vermittelt. Sie fühlen sich tagsüber energiegeladener, schlafen nachts besser, sind entspannter und positiver und haben ein besseres Gedächtnis.

Regelmäßige Bewegung ist eine Investition in Ihren Geist, Ihren Körper und Ihre Seele. Sie kann Ihr Selbstwertgefühl steigern und dafür sorgen, dass Sie sich entspannter und stärker fühlen.

Bewegung aktiviert wachstumsstimulierende Proteine im Gehirn, die zur Bildung neuer Zellen beitragen können.

Der Schlaf hilft uns nicht nur, uns von Stress und Müdigkeit zu erholen, sondern er stellt auch den Geist "neu ein": Durch das Abschalten in der Nacht kann der Körper neue Synapsen bilden, die die Gehirnzellen miteinander verbinden.

Neurologen gehen davon aus, dass die Bildung neuer Synapsen der Schlüssel ist, mit dem das Gehirn Erinnerungen und Lernprozesse kodiert, dass dies aber nicht ohne Pausen abläuft.

Die meisten Menschen schenken der Organisation ihrer Gedanken wenig Aufmerksamkeit. Die meisten Menschen glauben, dass man jeden Gedanken denken muss, der einem in den Sinn kommt, ob man will oder nicht.

Wenn Sie einen Muskel trainieren, machen Sie ihn stärker. Wenn Sie einen Gedanken trainieren, machen Sie ihn dominant. Wenn man einen Gedanken trainiert, denkt man ihn kontinuierlich und wiederholt.

Ersetzen Sie die vorherrschenden Gedanken der Angst immer wieder durch neutrale Gedanken und machen Sie diese dominant.

Gedanken über Misserfolge zum Beispiel setzen unser Gehirn mit einer unendlichen Anzahl negativer neuronaler Verbindungen in Verbindung, die zu Stress führen.

Es kommt darauf an, worauf Sie sich konzentrieren, bevor Sie zu Bett gehen, bevor Ihr Unterbewusstsein acht Stunden lang mit Ihren Erfahrungen spielt. Nehmen Sie Gewohnheiten auf, die Sie entspannen und Stress und Ängste abbauen können. Versuchen Sie, ein Buch zu lesen, ruhige Musik zu hören, sich zu strecken, zu meditieren - alles, was Ihnen Lust auf Schlaf macht.

Unser Gehirn ist auf negative Gedanken programmiert, aber die gute Nachricht ist, dass Sie Ihren Geist trainieren können, um in wenigen Augenblicken am Tag glücklich zu sein.

Wir können unseren Geist darauf trainieren, die guten Dinge im Leben zu scannen, damit wir mehr Möglichkeiten sehen, mehr Energie haben und mehr und mehr Erfolg haben.

Sobald wir diese innere Veränderung vollzogen haben, können wir unsere täglichen äußeren Frustrationen relativieren.

Es ist erwiesen, dass wir besser arbeiten und generell glücklicher sind, wenn wir versuchen, positiv zu denken.

Unser Gehirn analysiert ständig schlechte Nachrichten und konzentriert sich übermäßig auf sie.

"Das Gehirn ist wie ein Garten, nur dass sein Boden sehr fruchtbar für Unkraut ist" - Hanson

"Dankbarkeit für all die guten Dinge, die wir in unserem Leben haben, zieht Fülle, Positivität und Liebe an".

Dankbarkeit ist der Schlüssel zu einer Reihe von körperlichen und psychologischen Vorteilen, einschließlich Glück. Das Zählen von Segnungen, Glück und allem Guten, das heute geschehen ist, macht uns dankbar und optimistisch im Leben. Wenn wir uns auf das Gute konzentrieren, geht es nicht nur darum, unsere Unzufriedenheit zu überwinden und das Glas halb voll zu sehen. Es geht darum, unseren Geist für Ideen und Möglichkeiten zu öffnen, die uns bei der Arbeit und im Leben produktiver, effektiver und erfolgreicher machen.

Kapitel 3: Neuroplastizität und Neurowissenschaften

Abbildung 4: Bildnachweis freepik.com

Jüngsten Studien zufolge sagen Neurowissenschaftler, dass soziale Ungleichheiten unser Gehirn dauerhaft schädigen können. Diejenigen, die von diesen Ungleichheiten betroffen sind, sind neurobiologisch arm. In kürzlich veröffentlichten Arbeiten über Wissenschaft, Technologie und menschliche Werte wurde diese Idee von Forschern verwendet, um soziale Probleme wie Armut in neurologischen Begriffen neu zu formulieren. In diesem Artikel erfahren wir, wie soziale Probleme unser neurologisches System verändern können. Feminismus, religiöse Probleme, geschlechtsspezifische Probleme, staatliche Probleme, Freiheitsprobleme und Regierungsprobleme fragmentieren unseren Verstand auf eine andere Art und Weise.

Eine Studie der Universität Barcelona aus dem Jahr 2019 besagt, dass bei einer Schädigung der linken Hemisphäre in der frühen Kindheit die rechte Hemisphäre dazu neigt, deren Funktion zu übernehmen. Die Gehirne junger Menschen sind plastischer als die Gehirne Erwachsener, sie können sich leicht umorganisieren und alle Funktionen übernehmen, die als Reaktion auf ein Trauma erforderlich sind. Erleidet ein Erwachsener hingegen irgendeine Art von Hirnschädigung, ist die Genesung sehr viel schwieriger.

Ein Gerät, der so genannte tragbare Neuromodulationsstimulator (PoNs), wird auf der Zungenoberfläche platziert und sendet hochfrequente elektrische Impulse an einen angehenden Patienten, der sich einer intensiven Physiotherapie unterzieht. Dieses Gerät ist Teil eines intensiven Trainings, das mit einer Stunde auf dem Laufband vergleichbar ist. Es hilft den Menschen, ihre Beweglichkeit und ihr Gleichgewicht zu verbessern, und kann Sehschwierigkeiten behandeln.

Forschungen eines Professors der University of Rochester und der Carnegie Mellon University zeigen, dass selbst nach einem Schlaganfall die Verbindungen zwischen Auge und Gehirn intakt bleiben. Wenn diese Verbindungen gut sind, könnte das Sehvermögen durch Therapien wiederhergestellt werden, die sich die Neuroplastizität zunutze machen, mit dem Ziel, das Sehvermögen des Patienten wiederherzustellen. Diese Studie konzentriert sich auf Schlaganfallüberlebende und den besten Weg zur Wiederherstellung des Sehvermögens. 15 Patienten unterzogen sich einer MRT-Untersuchung, um geschädigte Hirnregionen zu entdecken und die Integrität der Netzhautzellen zu beurteilen. Die Forschung zeigt, dass einige Zellen zwar gesund blieben, der Patient aber immer noch nicht sehen konnte und versuchte, den Sinn mit Hilfe des selektiven Serotonin-Wiederaufnahmehemmers durch das Antidepressivum Prozac wiederzuerlangen, dem auch eine Verbesserung der Neuroplastizität zugeschrieben wird; das Medikament war in der Lage, neue Verbindungen zu bilden, die notwendig waren, damit das Auge Signale empfangen konnte.

Es gab auch ein Experiment, bei dem die dämpfende Wirkung von Nikotin auf das Gehirn von Ratten untersucht wurde, das ein motorisches Training beinhaltete; dieses Experiment wurde im Journal Addiction Biology veröffentlicht. Eine kontrollierte Gruppe von Meerschweinchen erhielt drei Wochen lang Nikotin, was für ihr ganzes Leben ausreichen würde. Nach den drei Wochen wurden die Ratten darauf trainiert, auf einem rotierenden Stab, einem so genannten Rotarod, zu stehen, während die andere, untrainierte Gruppe weniger neuronale Aktivität zeigte als die trainierten. Die Forschung kam zu dem Schluss, dass das Gehirn nach dem Entzug von Nikotin als Stimulans eher in der Lage ist, neue motorische Reflexe zu entwickeln, indem es durch Neuroplastizität neue neuronale Verbindungen herstellt.

Ängste

Angst ist eine Störung, die zu viel Stress bei der Arbeit, im Leben, in Beziehungen, in der Zukunft und in der Vergangenheit verursacht. Es ist die Angst, die täglichen Aufgaben nicht mehr bewältigen zu können. Unser Geist bleibt bei der Sorge stecken, anstatt sich auf die Lösung von Problemen zu konzentrieren. Angst ist gut für Sie, aber wenn Sie Ihren Geist mit Angst füllen, werden Sie gereizt, ängstlich und können krank werden.

In unserem Geist gehen verschiedene Energien vor sich, und sie kommen alle aus verschiedenen Berufen. Man sollte in der Lage sein, alle Energien in uns auszugleichen. Ein gewisses Maß an Stress ist gut für uns, es macht uns verantwortungsbewusster im Leben, und mit der Zugabe von positiven Energien kann es uns ermutigen, unsere Ziele zu erreichen. Ohne ein Gleichgewicht von guten und schlechten Energien könnten wir unser Lebensziel nicht erreichen. Alles im Leben ist durch Vor- und Nachteile, Freuden und Sorgen, Erfolge und Misserfolge ausgeglichen, wir müssen alles im Gleichgewicht halten, von unseren Vorlieben und Entscheidungen bis zu unseren sozialen Interaktionen und unserer Arbeit.

Einige Symptome der Angst sind:

- Gefühl der Unruhe
- Konzentrationsschwierigkeiten
- Übelkeit
- Hoher Blutdruck

- Schwitzen auch bei niedrigen Temperaturen
- Hohe Herzfrequenz
- Sich erschöpft fühlen
- Gedanken der Entsagung
- Besseres Verständnis von Fehlern

Gedanken von Sozialwissenschaftlern zum Thema Angst

Angst kann viele Ursachen haben, sie kann zu Beginn einer neuen Tätigkeit auftreten, z. B. wenn man ein neues Büro betritt und wegen der neuen Kollegen, des neuen Chefs und der neuen Umgebung nervös ist und sich nur schwer anpassen kann, aber mit der Zeit gewöhnt man sich an die Situation und die Nervosität verschwindet. Sie sind ständig nervös, wenn Sie mit Kollegen oder Vorgesetzten über ihre Arbeit sprechen, und fühlen sich in ihrer Umgebung unsicher? Dies kann sich auf ihre Arbeit auswirken, da Ihre Konzentration auf die Angst und das Unbehagen gerichtet ist.

Wenn man in der Familie ängstlich ist und sich im Freundeskreis nicht wohlfühlt, kann das die Beziehungen zu anderen beeinträchtigen. Dieses Gefühl kann mehr als sechs Monate anhalten. Diese Art von Angst versetzt uns in eine unangenehme Situation, wenn wir uns inmitten anderer Menschen befinden, und führt zu Problemen beim Sprechen; diese Art von Angst wird als soziale Angststörung bezeichnet. Die Betroffenen fürchten sich vor dem Urteil anderer und neigen daher dazu, in öffentlichen Gesprächen nicht weiterzukommen, indem sie sich unter Freunden und Kollegen zurückhalten.

Neurowissenschaftliche Überlegungen zu Ängsten

Stress und Angst sind eine ausgezeichnete körperliche Reaktion auf ernsthafte Arbeit; sie helfen uns, uns auf unsere Arbeit einzustellen und aktiv zu bleiben. Kurzfristig verbessert Stress unsere Wachsamkeit, unser Gedächtnis und unsere Motivation. Aber nur in Maßen, denn er könnte sich eher demoralisierend auswirken.

Die "generalisierte Angststörung" führt zu einer anhaltenden und unrealistischen Beschäftigung mit allen alltäglichen Dingen. In den Vereinigten Staaten ist die Angststörung immer häufiger anzutreffen, da einer von fünf Menschen diese Merkmale aufweist. Dies geht aus Untersuchungen der Anxiety and Depression Association of America und des National Mental Health Institute hervor.
Um verschiedene Sinne und Emotionen zu aktivieren, nutzt das Gehirn verschiedene Bereiche, z. B. verarbeitet der Schläfenlappen Geräusche, während der Hinterhauptslappen das Sehvermögen verarbeitet; für jede Emotion und Aktivität im Gehirn gibt es verschiedene Bereiche.

Das limbische System ist eine Gehirnstruktur, die aus Thalamus, Hypothalamus, Amygdala und Hippocampus besteht. Es wird angenommen, dass dieser Schaltkreis für die meisten unserer Emotionen verantwortlich ist, während der präfrontale Kortex für den Empfang dieser Signale und die Entscheidungsfindung zuständig ist.

Warum unsere schlechten Gewohnheiten so hartnäckig sind

Wenn wir die Faktoren, die unser ungesundes Verhalten bestimmen, nicht kennen, sind wir in einer vorteilhaften Position, um ihnen entgegenzuwirken. Gewohnheiten kommen und gehen bei dem Versuch, die Kontrolle über den Körper zu übernehmen. Dieser Effekt wird als Verhaltensänderung bezeichnet. Wir alle führen eine gute oder schlechte Gewohnheit auf ein vergangenes Ereignis zurück. Einige dieser Eigenschaften haben das Potenzial, sich negativ auf die Erreichung unserer Ziele auszuwirken. Die ursächlichen Faktoren für schlechte Gewohnheiten sind oft Langeweile und Stress. Wenn sie sich festsetzen, wirken sie sich sowohl auf den Geist als auch auf den Körper aus. Schlechte Angewohnheiten können unterschiedlichster Art sein, von einfachen Impulskäufen bis hin zu anspruchsvollen Trinkgelagen.
Die Situation ist verbesserungsfähig. Dies führt zur Suche nach neuen Methoden, die Langeweile und Stress eindämmen können, mit der Folge, dass wir nach einem Ersatz suchen, in den wir unsere Energien lenken können.

Die Ketten brechen

Es ist notwendig, die Ketten zu sprengen:

1. DEN WUNSCH HABEN, AUFZUHÖREN/ZU VERÄNDERN: So schädlich sie auch sein mögen, viele Menschen wollen ihre schlechten Gewohnheiten nicht aufgeben. Sie müssen also in Ihr Unterbewusstsein gehen und versuchen, sie aufzugeben. Wenn Sie das schaffen, können Sie den nächsten Schritt tun.

2. HABEN SIE EINE STARKE WILLENSKRAFT: Nachdem Sie die Situation verstanden haben, ist es notwendig zu handeln. Setzen Sie Ihre Willenskraft in Bewegung und entscheiden Sie sich, die schlechte Angewohnheit zu ändern. Denken Sie daran, dass die Entscheidung bei Ihnen liegt und nur bei Ihnen. Sie sind der Einzige, der sein Leben ändern kann.

3. 3. PLANEN SIE, AUFZUHÖREN: Machen Sie eine Liste, teilen Sie sie in zwei Spalten auf und schreiben Sie auf die linke Spalte alles, was Sie über Ihre schlechten Gewohnheiten wissen. Beginnen Sie mit der am stärksten verwurzelten. Auf der rechten Seite finden Sie die positiven Dinge, die Sie brauchen, um sie abzulegen. Schreiben Sie sie auf. Stellen Sie Verbindungen zwischen den negativen Gewohnheiten her und stellen Sie sich die Vorteile vor, die sich ergeben, wenn Sie die schlechte Angewohnheit abgelegt haben.

4. HANDELN: Es gibt zwei Möglichkeiten, dies zu tun. Die erste ist, alles zu tun, was Sie können, um auf der Stelle aufzuhören, die

zweite ist, langsam mit der Beseitigung der schlechten Gewohnheit zu beginnen, kleine Schritte zu machen und stetig auf Ihr Ziel hinzuarbeiten. Beide Wege sind in Ordnung, aber wählen Sie sorgfältig aus, welcher Weg für Ihr Ziel am besten geeignet ist.

5. TALK: Erzählen Sie jemandem, dem Sie vertrauen, was Sie tun, und teilen Sie ihm Ihren Zeitplan mit. Bitten Sie diese Person, Sie regelmäßig nach Ihren Fortschritten zu fragen, das wird Ihnen sehr helfen.

6. AUFHÖREN, ABER NICHT ZURÜCKGEHEN: Ich weiß, dass es ein harter Weg ist, aber das Wichtigste ist, nicht aufzugeben und weiterzumachen, eine Pause einzulegen, indem man seine Ziele blockiert, aber nicht aus den Augen verliert.

7. BELOHNEN SIE SICH: Gratulieren Sie sich regelmäßig, wenn Sie Ihr Ziel erreicht haben, indem Sie sich mit etwas belohnen. Es können kleine Siege für jeden Schritt sein, aber der schönste Sieg ist, wenn Sie Ihre schlechte Angewohnheit besiegt haben.

Was ist Achtsamkeit?

Abbildung 5: Freie Kredite

Achtsamkeit bedeutet, unsere volle Aufmerksamkeit auf den gegenwärtigen Moment zu richten. Wir können auch sagen, dass es ein Weg ist, unseren gegenwärtigen Gedanken und Wünschen Aufmerksamkeit zu schenken, ohne sie zu bewerten. Die Praxis der Achtsamkeit hat ihren Ursprung in der buddhistischen Meditation. In den letzten Jahren wurde sie in Amerika durch die Arbeit von Jon Kabat-Zinn entdeckt. Sein Programm zur achtsamkeitsbasierten Stressreduzierung (MBSR) wird heute in Amerika in Schulen, Gefängnissen, Veteranenzentren usw. weithin praktiziert.

Achtsamkeit kann durch bestimmte Übungen geübt werden.

- Achtsamkeit - bei dieser Übung müssen wir auf jedes kleine Detail unserer gegenwärtigen Umgebung achten, das uns normalerweise entgeht, wie z. B. Geschmack, Berührung, Geräusch, Anblick und Geruch.

- Konzentrieren Sie sich auf Ihren Atem - Atmen ist eine unwillkürliche Handlung, auf die wir uns im Allgemeinen nicht konzentrieren. Atmen Sie tief ein, um all Ihre negativen Energien durch Ihre Atmung auszustoßen.
- Sitzmeditation - Sitzen Sie bequem mit angezogenem und geschlossenem Rücken. Atmen Sie durch die Nase und konzentrieren Sie sich auf Ihren Atem.
- Gehmeditation - Suchen Sie sich einen Ort abseits der Lärmbelästigung und gehen Sie 10-20 Minuten lang spazieren, während Sie die Schönheit der Natur beobachten.
- Akzeptieren Sie sich selbst - Behandeln Sie sich mit Freundlichkeit, wie Sie einen guten Freund behandeln würden.

Kapitel 4: Wie man aufhört, zu viel zu denken

Abbildung 6: Bildnachweis freepik.com

Um zu viel zu denken, bedarf es ständiger Bemühungen und einer Kombination aus kognitiven, emotionalen und verhaltensbezogenen Strategien. Hier sind einige detaillierte Tipps, die Ihnen helfen, nicht mehr zu viel zu denken:

1. Beobachten Sie Ihre Gedankenmuster und stellen Sie fest, welche davon immer wiederkehren. Achten Sie auf wiederkehrende negative oder katastrophale Gedanken und überlegen Sie, wie sie Ihr Denken beeinflussen.

2. Üben Sie sich darin, im gegenwärtigen Moment zu leben: Konzentrieren Sie sich auf das Hier und Jetzt. Stellen Sie Ihre Sinne ein und konzentrieren Sie sich auf die Dinge, die Sie jetzt gerade tun. Indem Sie sich in Achtsamkeit üben, können Sie den Kreislauf der zwanghaften Gedanken durchbrechen.

3. Setzen Sie sich zeitliche Grenzen für das Grübeln: Nehmen Sie sich eine bestimmte Zeit am Tag, um über Ihre Sorgen nachzudenken. Sie können sich z. B. morgens oder abends 15 Minuten Zeit nehmen, um über das nachzudenken, was Sie belastet, aber beschränken Sie sich auf diese Zeit. Außerhalb dieser Zeit sollten Sie sich verpflichten, die Gedanken loszulassen und sich auf die täglichen Aktivitäten zu konzentrieren.

4. Üben Sie sich in kontrollierter Ablenkung: Wenn Sie merken, dass Sie zu viel nachdenken, lenken Sie Ihren Geist mit einer Tätigkeit ab, die Ihre volle Aufmerksamkeit erfordert. Sie können ein interessantes Buch lesen, ein Puzzle lösen, einen Spaziergang im Freien machen oder einem Hobby nachgehen, das Ihnen Spaß macht. Ziel ist es, Ihre Aufmerksamkeit von übermäßigem Denken auf etwas Konstruktiveres und Belohnenderes zu lenken.

5. Lernen Sie, mit Ihren Ängsten umzugehen: Angst führt oft zu übermäßigem Nachdenken. Bewältigen Sie Ängste mit Techniken wie tiefer Atmung, regelmäßiger Bewegung, Meditation oder Yoga. Diese Techniken können helfen, den Geist zu beruhigen und Ängste abzubauen, die zu übermäßigem Nachdenken führen.

6. Üben Sie sich in kognitiver Umstrukturierung: Lernen Sie, negative oder katastrophale Gedanken zu überprüfen. Fragen Sie sich, ob es konkrete Beweise für diese Gedanken gibt, ob es realistischere Optionen gibt und ob Ihre Gedanken zur Lösung oder zum Problem beitragen. Bemühen Sie sich, negative Gedanken durch ausgewogenere und positivere Gedanken zu ersetzen....

7. Setzen Sie Ihre geistige Energie produktiv ein: Anstatt Zeit und geistige Energie mit übermäßigem Grübeln zu verschwenden, sollten Sie sich mit konstruktiven Aktivitäten beschäftigen. Lernen Sie etwas Neues, ergreifen Sie die Initiative, um Ihre Ziele zu erreichen, oder suchen Sie sich ein Projekt, für das Sie sich begeistern können. Wenn Sie sich auf das Handeln konzentrieren, können Sie die Zeit, die Sie mit übermäßigem Denken verbringen, reduzieren.

8. Schaffen Sie eine strukturierte Routine: Legen Sie einen Tagesablauf fest, der Zeit für Arbeit, Ruhe, Bewegung, Freizeit und Schlaf vorsieht. Eine strukturierte Routine hilft Ihnen, das Gleichgewicht zu halten und weniger Zeit mit übermäßigem Denken zu verbringen.

9. Perfektionismus in Frage stellen: Übertriebenes Denken ist oft mit einem unrealistischen Wunsch nach Perfektion verbunden. Akzeptieren Sie, dass niemand perfekt ist und dass Fehler ein normaler Teil des Lebens sind. Lernen Sie, freundlich zu sich selbst zu sein und Ihre Unvollkommenheiten zu akzeptieren.

10. Üben Sie sich in emotionaler Losgelöstheit: Wenn zwanghafte Gedanken Sie zu überwältigen beginnen, stellen Sie sich vor, dass Ihre Gedanken wie Wolken am Himmel vorbeiziehen. Nehmen Sie die Gedanken wahr, ohne sie zu bewerten oder an ihnen festzuhalten, und lassen Sie sie sich in Nichts auflösen. Diese Übung wird Ihnen helfen, eine Haltung des Losgelöstseins von Ihren Gedanken zu entwickeln und sich nicht völlig mit ihnen zu identifizieren.

Praktische Übungen

Im Folgenden finden Sie zwei praktische Übungen, um die oben genannten Tipps in die Praxis umzusetzen:

Übung 1: Die Atem-Bewusstseins-Meditation.
Setzen Sie sich an einen ruhigen Ort, schließen Sie die Augen und richten Sie Ihre Aufmerksamkeit auf Ihren Atem. Nehmen Sie den Fluss der Luft in und aus Ihrem Körper wahr. Wenn Ihre Gedanken abschweifen, lenken Sie Ihre Aufmerksamkeit sanft auf den Atem zurück, ohne zu urteilen. Üben Sie diese Übung täglich 10-15 Minuten lang, um das Bewusstsein für den gegenwärtigen Moment zu entwickeln und Ihren Geist zu trainieren, konzentriert zu bleiben. Mit der Zeit werden Sie in der Lage sein, die Übung auf 30 Minuten oder so lange, wie Sie es für nötig halten, zu verlängern.

Praktische Übung 2: Schreiben Sie eine Liste von Anliegen
Nehmen Sie einen Stift und Papier und schreiben Sie eine Liste aller Sorgen, die Ihnen durch den Kopf gehen. Zensieren Sie sich nicht und schreiben Sie alles auf, was Ihnen in den Sinn kommt. Sobald Sie die Liste fertiggestellt haben, lesen Sie sie sorgfältig durch. Fragen Sie sich nun: "Welche dieser Sorgen habe ich tatsächlich unter Kontrolle?" Unterstreichen oder markieren Sie nur die Sorgen, die Sie aktiv beeinflussen oder angehen können. Konzentrieren Sie sich auf diese und versuchen Sie, einen Aktionsplan zu entwickeln, um sie anzugehen. Für die Sorgen, die Sie nicht kontrollieren können, sollten Sie sich in Akzeptanz üben und Ihren Geist mit konstruktiveren Aktivitäten beschäftigen.

Praktische Übung 3: Körperbewusstsein üben
Suchen Sie sich einen ruhigen Ort, an dem Sie bequem sitzen oder liegen können. Beginnen Sie, sich auf Ihren Körper und die körperlichen Empfindungen zu konzentrieren, die Sie gerade spüren. Richten Sie Ihre Aufmerksamkeit auf Ihre Atmung und beobachten Sie den natürlichen Rhythmus des Ein- und Ausatmens. Bewegen Sie dann langsam Ihre Aufmerksamkeit zu verschiedenen Teilen Ihres Körpers, vom Kopf bis zu den Füßen. Achten Sie auf die Empfindungen, Verspannungen oder Entspannungsgefühle, die Sie in den einzelnen Körperteilen spüren. Wenn Sie eine Anspannung bemerken, versuchen Sie, diese Muskeln bewusst zu entspannen. Richten Sie Ihre Aufmerksamkeit einige Minuten lang auf die körperlichen Empfindungen und lassen Sie Ihre Gedanken in den Hintergrund treten. Diese Übung wird Ihnen helfen, sich mit Ihrem Körper zu verbinden, Ihre Sinneswahrnehmung zu schärfen und Ihre Aufmerksamkeit von übermäßigen Gedanken abzulenken.

Denken Sie daran, dass es darauf ankommt, die Übungen zu finden, die für Sie am besten funktionieren. Probieren Sie verschiedene Übungen aus und finden Sie heraus, welche Ihnen helfen, Ihren Geist zu beruhigen und übermäßige Gedanken zu reduzieren. Zusätzlich zu den Übungen ist es hilfreich, einen ausgewogenen Lebensstil beizubehalten, mit einer gesunden Ernährung, regelmäßiger Bewegung, ausreichender Ruhe und Zeit für Aktivitäten, die Sie entspannen und mit Freude erfüllen. Konsequenz und ständiges Üben sind der Schlüssel zu dauerhaften Ergebnissen.

Praktische Tipps zur sofortigen Verbesserung

Es kann eine Herausforderung sein, zu viel zu denken, aber hier sind einige praktische Tipps, die Ihnen dabei helfen, nicht mehr zu viel zu grübeln:

1. Üben Sie sich in Achtsamkeit: Beobachten Sie Ihre Gedanken ohne zu urteilen.
2. Setzen Sie sich Zeitlimits für Reflexion und Nachdenken und halten Sie diese ein.
3. Machen Sie Tätigkeiten, die Konzentration erfordern, wie Lesen oder Malen.
4. Üben Sie tiefes Atmen, um den Geist zu beruhigen.
5. Schreiben Sie Ihre Gedanken auf ein Blatt Papier, um sie loszuwerden.
6. Treiben Sie regelmäßig Sport, um psychischen Stress abzubauen.
7. Lernen Sie, zu delegieren und anderen zu vertrauen, um die mentale Belastung zu verringern.
8. Üben Sie sich in Dankbarkeit, um sich auf das Positive zu konzentrieren.
9. Setzen Sie Prioritäten und konzentrieren Sie sich auf das, was wirklich wichtig ist.
10. Schränken Sie die Nutzung von Geräten und sozialen Medien ein, um Ablenkungen zu vermeiden.
11. Machen Sie während der Arbeit regelmäßig Pausen, um Ihren Geist zu entspannen.
12. Schaffen Sie einen strukturierten Tagesablauf, um Ordnung in Ihre Gedanken zu bringen.
13. Sprechen Sie mit einem Freund oder einer Fachkraft, um einen Blickwinkel von außen zu erhalten.
14. Experimentieren Sie mit Entspannungstechniken wie Meditation oder Yoga.

15. Vermeiden Sie katastrophale Vorhersagen und konzentrieren Sie Ihre Energie auf die Gegenwart.

16. Verbringen Sie Zeit mit Hobbys oder Aktivitäten, die Ihnen Spaß machen.

17. Akzeptieren Sie, dass Sie nicht alles kontrollieren können, und lernen Sie, loszulassen.

18. Konzentrieren Sie sich auf den Prozess und nicht auf das Endergebnis.

19. Üben Sie Selbstmitgefühl und Vergebung gegenüber sich selbst.

20. Versuchen Sie, ein Gleichgewicht zwischen Arbeit und Privatleben zu finden.

Denken Sie daran, dass jeder Mensch anders ist, experimentieren Sie also mit diesen Strategien und finden Sie diejenige, die für Sie am besten funktioniert. Achtsamkeit und ständiges Üben sind entscheidend, um nicht mehr zu viel nachzudenken und den gegenwärtigen Moment mehr zu genießen.

Kapitel 5: Natürliche Arzneimittel: Überwindung von Negativität durch Positivität

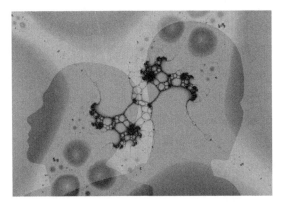

Abbildung 7: Bildnachweis freepik.com

Spiegelneuronen sind die Neuronen, die Möglichkeiten aufzeigen, wenn eine Person eine Handlung ausführt oder andere dabei beobachtet; die grundlegende Funktion der Spiegelneuronen ist das Verstehen der Handlungen anderer. Sie sind ein kleiner Kreis von Zellen im prämotorischen Kortex und im inferioren parietalen Kortex. Sie werden Spiegelneuronen genannt, weil der Spiegel uns reflektiert und jede Handlung, die wir vor ihm ausführen, identifiziert, und die Spiegelneuronen genauso handeln, wenn sie sehen, dass andere etwas tun. Diese Neuronen werden bei primitiven Tierarten wie den Affen untersucht. Vielleicht haben Sie schon einmal gesehen, wie Affen Sie kopiert haben, und dachten, der Affe täte das nur aus Spaß, aber in Wirklichkeit sind Spiegelneuronen aktiv, wenn sie sehen, dass Menschen etwas tun.

Wir Menschen haben einen höher entwickelten Verstand als Tiere. Wir haben unser eigenes Bewusstsein, das uns als Begrenzer dient. Aber wir sind die weiterentwickelte Spezies der Primaten, wie können wir also andere nicht kopieren? Mit dem Bewusstsein als Begrenzer neigen wir dazu, die Handlungen anderer nicht zu kopieren, aber wenn wir schwach sind und das Bewusstsein verlieren, fangen wir an, andere Menschen zu kopieren, was irgendwie gut und auch schlecht ist. Wir sollten andere nur in Bezug auf Dinge kopieren, die für uns von Nutzen sind und die uns helfen können, bessere Menschen zu werden, wie zum Beispiel, gute Manieren von anderen zu lernen. Es ist nichts falsch daran, anderen guten Eigenschaften zu folgen, um unser Leben zu verbessern.

Spiegelneuronen als natürliche Heiler

Spiegelneuronen bieten ein beträchtliches Potenzial als natürliche Heiler. Die Nutzung ihrer Fähigkeit, die Handlungen anderer zu reflektieren und nachzuahmen, kann sich positiv auf unsere geistige und körperliche Gesundheit auswirken. Hier sind einige Möglichkeiten, wie wir Spiegelneuronen als natürliche Heiler nutzen können:

1. Üben Sie sich in Visualisierung: Visualisierung ist eine Technik, die Spiegelneuronen nutzt, um positive mentale Bilder zu erzeugen. Wenn man sich vorstellt, eine Handlung auszuführen oder eine angenehme Situation zu erleben, können die Spiegelneuronen auf ähnliche Weise aktiviert werden, wie wenn man die Situation tatsächlich erlebt. Diese Übung kann zur Entspannung beitragen, Stress abbauen und eine positive mentale Verfassung fördern.

2. Einfühlungsvermögen kultivieren: Einfühlungsvermögen ist eng mit der Aktivierung von Spiegelneuronen verbunden. Indem wir uns in andere hineinversetzen und versuchen, ihre Erfahrungen und Emotionen zu verstehen, regen wir unsere Spiegelneuronen an, die Gefühle der anderen Person zu spiegeln. Die Kultivierung von Empathie durch aktives Zuhören, einfühlsames Beobachten und das Einüben von Freundlichkeit kann unsere zwischenmenschlichen Beziehungen und unser Gefühl der Verbundenheit verbessern. Es ist wichtig, darauf hinzuweisen, dass die Nutzung der Spiegelneuronen als natürliche Heiler eine professionelle medizinische oder psychologische Beratung nicht ersetzen kann. Die Einbeziehung dieser Praktiken in unseren Lebensstil kann jedoch zu unserem allgemeinen Wohlbefinden beitragen.

Auswirkungen der Spiegelneuronen auf unser Gehirn:

Auswirkungen auf unser Lernen: Spiegelneuronen spielen eine entscheidende Rolle bei menschlichen Fähigkeiten wie dem Sprachverhalten und anderen Teilen unseres kindlichen Lernens. Dank unserer Spiegelneuronen lernen wir Handlungen, indem wir sie von anderen nachahmen, auch ohne Unterricht. Erinnerungen an beobachtete Handlungen sind im Unterbewusstsein gespeichert und werden von den Spiegelneuronen als Output ausgeführt. Wenn wir zum Beispiel in der Nähe einer Gruppe von Menschen sind, die gerade essen, leitet uns unser Verstand an, zu essen, auch wenn wir satt sind. Wir beginnen, Dinge durch Induktion zu lernen und sie in unserem täglichen Leben anzuwenden. So beobachten beispielsweise die Länder des Nahen Ostens die Kultur und Traditionen der westlichen Länder und setzen sie in ihrem Leben um, auch wenn sie ihnen nicht beigebracht werden.

Auswirkungen auf unsere Emotionen: Emotionale Erkennung und Empathie wurden mit Spiegelneuronen in Verbindung gebracht. Der Zusammenhang zwischen Spiegelneuronen und Emotionen wurde mit fMRI-Scans nachgewiesen. Spiegelneuronen nutzen Gesichtsausdrücke, um Gefühle zu erkennen. Wenn zwei Personen miteinander interagieren, beeinflussen sich ihre emotionalen Zustände gegenseitig. Man kann zum Beispiel nicht glücklich sein, wenn der geliebte Mensch traurig ist. Glücklich zu sein und andere glücklich zu machen, beruht auf den Spiegelneuronen in unserem Gehirn.

Spiegelneuronen stellen eine faszinierende Entdeckung auf dem Gebiet der Neurowissenschaften dar und bieten uns eine einzigartige Möglichkeit, unser Gehirn als natürliches Heilmittel zu nutzen.

Die Nutzung ihrer Fähigkeit, durch Visualisierung und die Kultivierung von Empathie die Handlungen anderer zu reflektieren und zu imitieren, kann zu unserem emotionalen und relationalen Wohlbefinden beitragen. Das Ausprobieren und Integrieren dieser Praktiken in unser tägliches Leben kann zu positiven und bereichernden Ergebnissen führen.

Hören Sie sich selbst zu

Wenn Sie Ihre Traurigkeit und Ihr Unglücklichsein mit anderen teilen, kann dies das Gefühl tatsächlich vermindern. Indem Sie Ihren Schmerz teilen, entlassen Sie alle negativen Energien aus Ihrem Körper. Miteinander zu reden und einander zuzuhören kann eine heilende Methode sein, da man sich in seinem Leben nicht allein fühlt. Mit jemandem verbunden zu sein, macht das Leben leichter. Psychologen haben bewiesen, dass ein Gespräch mit Ihrem Partner Ihre Aura reinigen kann. Die Kommunikationslücke kann einen Riss in einer Beziehung verursachen. Selbst wenn Sie einen Konflikt wegen eines Missverständnisses mit Ihrem Partner haben, müssen Sie miteinander reden und einander zuhören, nur so können Sie die Barrieren zwischen Ihnen überwinden. Ein Gespräch zu führen, um Ihre Differenzen abzubauen, bedeutet nicht, Ihren Partner zu überwältigen, indem Sie Wut und Überlegenheit zeigen. Nur wenn Sie ihm einen gleichwertigen Platz in Ihrem Herzen einräumen, kann sich Ihre Distanz in Nähe verwandeln.

Freundschaft

Freunde sind Gefährten, die unsere Einsamkeit ausfüllen. Wir freunden uns nur mit einer Person an, wenn unsere Gedanken übereinstimmen. Wenn man mit jemandem zusammen ist, der einem ähnlich ist, fühlt man sich glücklich. Wir haben Gemeinsamkeiten, über die wir uns unterhalten können, wie z. B. Studium, Leidenschaften usw. Wir schließen uns mit unseren Freunden zusammen und teilen alles mit ihnen, weil wir keine Angst vor Urteilen haben. Mit unseren Eltern können wir nicht befreundet sein, weil der Alters- und Erfahrungsunterschied zu groß ist. Dies führt zu einer Angst, beurteilt zu werden, was wiederum dazu führt, dass wir uns nervös fühlen und Angst haben, unsere Gefühle auszudrücken.

Freunde sind der wichtigste Teil unserer Kindheit und dem Alter, in dem wir unsere Gedanken bis zum Erwachsensein formen. Da wir die Hälfte unserer Kindheit in Schulen und Hochschulen verbringen, sind wir meist mit Menschen außerhalb unserer Familie zusammen, und die Umgebung hat einen großen Einfluss auf uns. Unter diesen Umständen sollten wir die Person, der wir unsere Gefühle anvertrauen, mit Bedacht wählen. Wir sollten die Freundschaft mit alten Freunden nicht abbrechen, nur weil sie unsere Höhen und Tiefen miterlebt haben. Wenn wir alt werden, erinnern wir uns nicht daran, wie viel Geld wir verdient haben, aber wir erinnern uns an die Zeit mit unseren Freunden.

Vorteile, wenn man Freunde hat:

-Freunde werden Ihnen bei Ihren Problemen helfen
-Sie werden Sie nicht verurteilen
-Sie können ihnen vertrauen und Ihnen Ihr Herz öffnen

-Sie sind unser Lagerhaus des Spaßes

-Das Bewahren alter Erinnerungen mit Ihren Freunden macht Ihren Geist nostalgisch und scharf

-Wenn Sie Ihre Freunde sehen, wird das Stresshormon von unserem endokrinen System ausgeschüttet

-Sie können einen Freund oder eine Freundin um Hilfe und Rat bitten

Kapitel 6: Kann sich Ihr Gehirn neu programmieren?

Abbildung 8: Bildnachweis freepik.com

Wie man aufhört, sich zu sorgen

Schlechte Angewohnheiten wie Sorgen können in einen Katalysator umgewandelt werden, der Sie energiegeladen und produktiv hält. Mit ein wenig Hilfe durch unser Denken ist das sogar möglich.

Sorgen versetzen uns normalerweise in einen Zustand der Schuld, des Bedauerns oder sind eine Blockade, die uns in der Vergangenheit oder in Ereignissen, die passieren könnten, verharren lässt. Wir können uns über alles Mögliche Sorgen machen - von unserem aktuellen finanziellen Status bis hin zum Wetter oder allem, was unseren Lebensstil beeinflusst.

Sorgen haben normalerweise zwei Folgen: Produktivität und Unproduktivität. Unproduktive Sorgen sind solche, über die wir keine Kontrolle haben. Sie könnten sich zum Beispiel Sorgen über eine Naturkatastrophe machen. Da Sie nichts dagegen tun können, ist das Ergebnis reine Zeitverschwendung.

Produktive Sorgen beziehen sich auf eine Situation, die Sie kontrollieren können, wie Prüfungen. Wenn Sie eine Woche vor der Prüfung nicht genug gelernt haben, sitzen Sie auf der Couch und machen sich Gedanken über das Ergebnis. Verschwenden Sie Ihre Zeit nicht mit unnützen Gedanken, sondern organisieren Sie Ihre Lernpläne und werden Sie aktiv.

Die Wahrheit über Sorgen:

Im Allgemeinen sind Sorgen und Schuldgefühle praktisch nutzlos. Sie dienen nur einem Zweck, nämlich dazu, sich auf mögliche Probleme zu konzentrieren, die man verhindern könnte, bevor sie eskalieren. Ich persönlich würde es eher als Sorge denn als Angst bezeichnen. Sie wird zur Sorge, wenn man die Situation verschlimmern lässt und ständig über die Eventualitäten nachdenkt.

Wenn Sie sofort auf Ihre Sorge reagieren, kann sie Ihnen einen gewissen Nutzen bringen. Das größte Problem entsteht jedoch, wenn sie über einen längeren Zeitraum anhält, d. h. wenn Sie sich Sorgen machen, entweder über mögliche Probleme, auf die Sie nicht reagiert haben, oder über mögliche Probleme, die Sie nicht eindämmen können.

Sie müssen Ihren Geist von allen negativen Gedanken befreien, bevor Sie produktiv sein können. Um Ihren Kopf frei zu bekommen, schreiben Sie Ihre Sorgen auf und analysieren Sie sie. Ihre Angst wird sich wahrscheinlich verringern, wenn Sie sich jeweils auf eine Aufgabe konzentrieren, denn so können Sie Ihren Geist neu organisieren.

Wenn Sie beginnen, Ihre Sorgen zu kontrollieren und sie für Ihre Arbeit zu nutzen, werden Sie eine Flexibilität entwickeln, die es Ihnen ermöglicht, zukünftigen Umständen ohne Angst zu begegnen. Sie werden erkennen, dass das Vermeiden von beunruhigenden Situationen (wie der Prüfung) die Situation nur noch schlimmer macht.

Der wichtigste Faktor im Umgang mit Sorgen ist, sie bei der ersten Gelegenheit anzusprechen, vorzugsweise solange sie noch als Sorgen definiert werden können. Der nächste Schritt besteht darin, die Sorge auf einem Blatt Papier aufzuschreiben, um ihr die Macht zu nehmen.

Nach Abschluss dieses fünfstufigen Prozesses wird sich Ihre Produktivität weiter verbessern, weil Sie keine Zeit mehr damit verschwenden, sich um Dinge zu sorgen, über die Sie keine Macht haben. Sie werden sich von Ihren Sorgen befreien und positive und korrigierende Maßnahmen ergreifen, um sie zu bewältigen. Dadurch erhalten Sie die geistigen Ressourcen, die Sie für wichtige Aufgaben benötigen, und Ihr Stressniveau sinkt.

Sorgen sind eines der häufigsten Anzeichen für Stress:

Lernen Sie, Sorgen in Produktivität umzuwandeln. Wenn Sie diese Technik beherrschen, werden Sie erstaunt sein, wie gut Sie sich aus negativen Situationen herausziehen können und wie gut Sie eine stressige Situation mit Logik und Vernunft lösen können. Die Menschen glauben, dass man Sorgen vermeiden und ignorieren kann, aber wenn man versucht, sie zu ignorieren, werden die Sorgen immer größer, je näher der Termin rückt. Sie werden immer Sorgen haben, für die Sie nichts tun können, außer die Tatsache zu akzeptieren und diese Sorgen dem Schicksal zu überlassen. Der Schlüssel zum Umgang mit Sorgen liegt darin, dass Sie lernen zu verstehen, wann sie sich in Ihrem Kopf festsetzen. Sie können den oben erwähnten Prozess nutzen, um Sorgen zu bekämpfen.

Wie man aufhört, Angst zu haben

Angst ist das schlimmste Gefühl, das wir je in unserem Leben erleben können. Die Angst vor dem, was passieren wird, lähmt uns, und es gibt viele Menschen, die aus Angst nicht in der Lage sind, voranzukommen. Um Erfolg zu haben, müssen wir uns von der Angst lösen. Wenn unsere Gesellschaft die Angst nicht überwinden kann, dann wird sie zu einem Generationenproblem. Vor allem, wenn unsere Gesellschaft Angst vor ihr und ihren Versionen hat, wird sich die Angst in der ganzen Welt verbreiten. Wir müssen also die Angst überwinden.

Arten von Angst:

1. Emotionale Angst: Emotionale Angst ist die größte Angst im menschlichen Leben. Paradoxerweise wird sie zu unserem Leben, wenn wir in einer bestimmten Situation keine Angst haben. Es ist gefährlich, an die Zukunft zu denken und dabei die Gegenwart zu vernachlässigen. Wenn Sie in der Gegenwart leben können, wird es in Ihrem Leben keine Angst geben. Emotionale Angst hindert uns daran, alles zu tun, und der Mensch verliert durch sie ständig viele Möglichkeiten.

2. Körperliche Angst: Körperliche Angst ist normal und zu bestimmten Zeiten unvermeidlich. Z. B. wenn Sie einem Tiger gegenüberstehen und wenn Sie in diesem Moment keine Angst fühlen, werden Sie dazu neigen, sich ihm zu nähern, daher ist es notwendig, körperliche Angst zu haben. Körperliche Angst kann auf viele Arten auftreten, also seien Sie darauf vorbereitet und folgen Sie ihr.

Angst ist etwas, das wir in uns selbst entwickeln, wenn wir verstehen, dass es Dinge in der Welt gibt, die uns verletzen können. Kinder zum Beispiel haben keine Erfahrungen und Gefühle wie Erwachsene und fürchten sich vor nichts.

Das Leben ist voller Höhen und Tiefen, und während wir heranwachsen, lernen wir eine Menge Dinge. Wenn wir Informationen sammeln, nehmen wir sowohl die positiven als auch die negativen Aspekte auf. Um auf Ihre Frage zurückzukommen: Wenn Sie vor allem Angst haben, bedeutet das, dass Sie eine Menge Informationen gespeichert haben.
Wenn Sie diese Informationen schlecht gespeichert haben, sollten Sie eine Chance haben, die Angst zu überwinden. Und diese Tipps könnten für Sie nützlich sein:

1. "Scheitern ist die Säule des Erfolgs". Wer immer das gesagt hat, ist ein wahres Genie. Wissen Sie, was Ihre wahre Angst ist? Es ist die Angst vor dem Scheitern. Wenn Sie ständig erfolgreich sind, gewöhnen Sie sich allmählich daran, und wenn Sie zum ersten Mal scheitern, wird es Ihnen schwer fallen, diese Tatsache zu akzeptieren. Wenn Sie mich also fragen, was Sie tun sollten, würde ich Ihnen raten, Risiken einzugehen, und wenn Sie scheitern, lernen Sie daraus, denn Fehler sind Ihre besten Lehrmeister.

2. Verlassen Sie Ihre Komfortzone, auch wenn es schwierig ist. Kämpfen Sie gegen Ihre Angst. Kämpfen Sie, als wären Sie im Krieg, denn dies wird Ihr härtester Krieg sein. Machen Sie Fehler, lachen Sie über sie und genießen Sie den Moment.

3. Wenn es Ihnen schwerfällt, furchtlos zu sein, tun Sie so, als hätten Sie vor nichts Angst. Handeln Sie mit vollem Vertrauen. Auf diese Weise können Sie sich selbst verbessern.

4. Denken Sie an sich selbst und nicht daran, was andere von Ihnen denken. Es ist Ihr Leben, nicht das der anderen.

5. Lernen Sie von den Menschen, die Sie treffen, versuchen Sie herauszufinden, was ihre Ängste sind und wie sie damit umgehen. Das wird Ihnen nicht nur Selbstvertrauen geben, sondern auch Ihr Vertrauen in Ihren Krieg stärken.

6. Ängste sind normal. Jeder Mensch hat Ängste, aber die meisten Menschen sprechen sie nicht aus und tun so, als hätten sie keine. Denken Sie also daran, dass Sie nicht der Einzige sind.

7. Schließen Sie gute Freundschaften und teilen Sie Ihre Ängste und Lebenserfahrungen mit ihnen. Auf diese Weise werden Sie sich im Kampf nicht allein fühlen.

Der beste Weg, diese Angst zu überwinden, besteht darin, ehrlich zu sich selbst und zu anderen zu sein, einfach die richtigen Dinge zur richtigen Zeit zu tun, sich nicht von der Angst mitreißen zu lassen und Fehler zu machen, indem man das Scheitern respektiert.

Die Gefahr ist real, aber die Angst ist nur ein Produkt unserer Gedanken. Angst ist nur eine Reaktion auf unangenehme oder gefährliche Situationen.

Wie helfen Affirmationen und Mantras dabei, den Geist neu zu programmieren?

Affirmationen sind sehr persönlich, was bedeutet, dass für jeden Menschen andere Affirmationen benötigt werden. Die wichtigste Frage ist: Wollen Sie wirklich mit Ihrer Seele sprechen? Versuchen Sie nicht, etwas zu tun, was Ihnen nicht nützt. Hören Sie in sich hinein, und Sie werden erkennen, welche Art von Affirmationen Sie brauchen.

Hier sind einige Möglichkeiten, wie Sie Ihre Affirmationen jeden Tag üben können.

Unterschwellige Affirmationen üben: In unserem hektischen Alltag haben wir oft keine Zeit, über die Affirmationen nachzudenken, die wir verwenden sollten. Aber wir können uns bemühen, Affirmationen zu üben, indem wir Selbstgespräche führen. Wir können mit uns selbst sprechen, während wir irgendeine Tätigkeit ausüben, sei es beim Kochen, Autofahren, Lernen oder Surfen im Internet. Unterschwellige Affirmationen bahnen sich ihren Weg in unseren Geist, ohne dass wir es merken. Wir können auch entspannende Musik hören, um uns mit positiver Energie aufzuladen.

Nutzen Sie die Technik, um Ihre Affirmationen immer zur Hand zu haben: Sie können die Affirmationen, die Sie üben wollen, mit Ihrem Handy aufnehmen und einen Alarm einstellen, der Sie immer wieder daran erinnert. Sie können sie auch mit Ihrer eigenen Stimme aufnehmen und sie sich noch einmal anhören.

Visualisieren Sie Ihre Affirmationen im Geiste: Durch die Visualisierung von Informationen erhalten Sie ein klares Bild Ihres Ziels in Ihrem Kopf. Wenn Sie zum Beispiel trainieren, um abzunehmen, stellen Sie sich vor, wie Sie schlank sind und welches Kleid Sie tragen können, wenn Sie schlanker sind. Dies wird Ihnen helfen, sich zu motivieren, Ihre Aussage zu vervollständigen.

Schreiben Sie Ihre Affirmationen auf: Der einfachste Weg, all Ihre Affirmationen in den Griff zu bekommen, ist, sie jeden Tag aufzuschreiben. Auf diese Weise werden Sie sich eher an sie erinnern und können weiter hart an Ihren Zielen arbeiten.

Positive Affirmationen zur Bewältigung von Stress, Ängsten und Sorgen

Positive Affirmationen sind wirkungsvolle Instrumente, die uns helfen können, Stress, Ängste und Alltagssorgen zu bewältigen. Die mehrmalige Wiederholung dieser Affirmationen am Tag kann eine positive mentale Verfassung fördern und das emotionale Wohlbefinden steigern.

Positive Affirmationen sind wirkungsvolle Instrumente, die uns helfen können, Stress, Ängste und Alltagssorgen zu bewältigen. Wenn wir diese Affirmationen mehrmals am Tag wiederholen, kann dies zu einer positiven mentalen Verfassung führen und das emotionale Wohlbefinden fördern.

Es handelt sich um positive Sätze und Affirmationen, die negative oder herausfordernde Gedanken ersetzen. Affirmationen sind sehr einfach zu handhaben und ermöglichen es dem Praktiker, seine eigenen Affirmationen für eine bestimmte Situation oder ein bestimmtes Anliegen zu erstellen. Vielleicht klingt das zu einfach.

Einfach ein paar positive Phrasen wiederholen und alles verschwindet? Natürlich bleiben die zugrundeliegenden Bedingungen und Auslöser bestehen, aber das Üben von Affirmationen ermöglicht es Angstpatienten, unmittelbare körperliche und geistige Symptome zu lindern, und es gibt wissenschaftliche Belege dafür.

Wie bei jeder anderen Gewohnheit oder jedem anderen Hobby ist natürlich auch bei den Affirmationen eine beharrliche Praxis der erste Schritt zum Erfolg. Auf dem Gebiet der Psychologie gibt es Studien über die Kraft und Wirksamkeit von Affirmationen.

Affirmationen können jeden Tag gesagt werden, obwohl einige Experten vorschlagen, dass es besser ist, Affirmationen drei- bis fünfmal am Tag zu wiederholen, da der Praktizierende dann schneller von den Vorteilen profitiert und die im Satz ausgedrückten Gefühle im Gedächtnis bleiben.

Sie können auf Karten geschrieben werden, die man bei sich tragen kann, oder auf Post-it-Zettel, die man in einer ausgewählten Umgebung anbringen kann. Durch das Lesen, Sprechen und Wiederholen der Sätze werden die Affirmationen wirksamer. Sie sollen positive und glückliche Gefühle, Gedanken und Haltungen fördern.

Da Affirmationen keine religiösen oder spirituellen Bedeutungen haben, kann sie jeder anwenden.

Hier sind 20 positive Affirmationen, die Sie verwenden können:

1. Ich bin ruhig und gelassen, ich begegne Herausforderungen mit Gelassenheit.
2. Ich lege meine Sorgen ab und nehme die Freude an der Gegenwart an.
3. Ich begrüße Veränderungen als Chance für persönliches Wachstum.
4. Ich konzentriere mich auf Lösungen und sehe jedes Hindernis als Chance zum Lernen.
5. Ich entspanne mich tief, lasse Spannung und Stress los.
6. Ich vertraue auf meine Fähigkeit, Schwierigkeiten zu überwinden und meine Ziele zu erreichen.
7. Ich bin von Liebe und Unterstützung umgeben, ich fühle mich sicher und geborgen.
8. Ich kümmere mich um mich selbst, sowohl körperlich als auch seelisch.
9. Ich verlasse mich auf den natürlichen Fluss des Lebens und öffne mich für die Chancen, die sich ergeben.
10. Ich akzeptiere mich selbst und liebe mich zutiefst für das, was ich bin, ohne zu urteilen.

11. Ich erlaube mir, jederzeit Glück und Dankbarkeit zu erleben.

12. Meine Gefühle sind berechtigt und ich gehe mit ihnen freundlich und verständnisvoll um.

13. Ich bin belastbar und kann jedes Hindernis überwinden, das sich mir in den Weg stellt.

14. Mein Geist ist ruhig und klar, ich konzentriere mich mit Bewusstsein auf die Gegenwart.

15. Ich entspanne mich tief und finde inneren Frieden in der Stille des gegenwärtigen Augenblicks.

16. Ich glaube an mein unbegrenztes Potenzial und gehe meine Ziele mit Zuversicht an.

17. Ich lasse meine Sorgen los und weiß, dass sich alles zum Besten wenden wird.

18. Ich habe meine Gefühle unter Kontrolle und entscheide mich, positive Gedanken zu hegen.

19. Ich bin dankbar für alles, was ich in meinem Leben habe, und für die Möglichkeiten, die sich mir bieten.

20. Ich nehme mir Zeit, um mich auszuruhen, zu regenerieren und für mich zu sorgen.

Verwenden Sie diese Affirmationen als tägliche Unterstützung, um Stress, Ängste und Sorgen zu bewältigen. Denken Sie daran, sie mit Zuversicht und Bewusstheit zu wiederholen, so dass sie Ihren mentalen Zustand positiv beeinflussen.

Hinweis: Positive Affirmationen sind eine Praxis des Selbstcoachings und des geistigen Wohlbefindens, aber kein Ersatz für professionelle medizinische oder psychologische Hilfe.

BONUS

Kapitel 7: Wie man Angst und Panikattacken kontrolliert.

Mittel gegen Ängste

Um unsere Ängste zu heilen, ist der erste Schritt derselbe wie immer: Wir müssen das Problem kennen. Wie können wir sie loswerden, wenn wir nicht einmal akzeptieren können, dass wir sie haben?

Zuallererst müssen wir uns also bewusst machen, dass sie in unserem Leben vorkommen, und uns unseres Problems bewusst sein, ohne es vor anderen verbergen zu wollen, auch wenn es uns vielleicht peinlich oder beschämend vorkommt. Unabhängig davon, ob es sich um Angst, Stress oder Panikattacken handelt, können echte Ergebnisse nur dann erzielt werden, wenn man das Problem direkt angeht und sich von denjenigen behandeln lässt, die dies anbieten können. Eine gute Lösung kann darin bestehen, einen Arzt aufzusuchen, vor allem, wenn die Erkrankung bereits fortgeschritten ist, und möglicherweise die Einnahme von verschriebenen und kontrollierten Medikamenten in Betracht zu ziehen. Es ist jedoch auch wichtig zu wissen, dass dies nicht die einzigen Mittel gegen Angstzustände sind, ganz im Gegenteil!

In der Tat gibt es verschiedene natürliche Lösungen für ein besseres Leben mit uns selbst, die auch sehr nützlich für die Verbesserung unserer Lebensweise in jeder Hinsicht sind.

Sehen wir uns einige von ihnen an:

Essen: Es ist bekannt, dass Angst unser Verhältnis zum Essen beeinflusst und uns oft dazu bringt, größere Mengen zu essen und salzige oder knusprige Lebensmittel zu bevorzugen. Andererseits wirkt die Art und Weise, wie wir essen, zwar nicht direkt als Heilmittel für Angststörungen, aber sie beeinflusst unsere Stimmung auf interessante Weise. Denn neben anderen Faktoren wird unser Nervensystem mehr oder weniger aktiviert, je nachdem, welche Nährstoffe es täglich erhält, die auch Hormone und Neurotransmitter in unserem Körper speisen. Von diesen sind Serotonin und Tryptophan von zentraler Bedeutung für Angstzustände, da sie die Moleküle sind, die uns den ganzen Tag über mit Energie und Vitalität versorgen oder, einfacher ausgedrückt, uns glücklich machen. Ängstliche oder depressive Zustände können in der Tat auch durch den Überschuss oder Mangel an diesen beiden Elementen in unserem Organismus mitbestimmt werden. Deshalb wird empfohlen, bestimmte Lebensmittel, die diese Elemente enthalten, ohne Übermaß zu essen, wie z. B. Kakao, Nüsse, Kiwis, Tomaten, Bananen, Fisch, Milch und Milchprodukte. Deshalb macht ein bisschen Schokolade immer gute Laune! Nicht zu empfehlen sind dagegen Lebensmittel mit anregenden Substanzen, die erregend wirken und die Nervosität steigern, wie Kaffee oder koffeinhaltiger Tee, Energydrinks oder Alkohol. So unverzichtbar uns beispielsweise Kaffee erscheint, um morgens Energie zu haben und den Tag zu bewältigen, so sehr hält das darin enthaltene Koffein unsere Nerven angespannt und trägt erheblich zu unserem Stress bei. Vermeiden Sie auch den übermäßigen Genuss von Alkohol, der süchtig machen kann, und bevorzugen Sie Kamillentee, warme Milch oder Kräutertees, um Ihre Nerven zu beruhigen. Versuchen Sie schließlich, Süßigkeiten und Snacks nach den Mahlzeiten einzuschränken, und essen Sie nicht übermäßig viel, wenn Sie nervös oder gestresst sind.

Verhalten: Es ist wichtig, unsere neue Denkweise in den Alltag zu übertragen, aber dazu müssen wir wissen, womit wir es zu tun haben, und daher eine Haltung einnehmen, die für das Leben mit unserer spezifischen Situation geeignet ist. Auch wenn niemand von uns sagen möchte, dass er an einer Angst- oder Stressstörung leidet, so ist doch, wie gesagt, der erste Schritt zur Lösung eines Problems immer das Eingeständnis, dass wir es haben. Das Eingeständnis, dass wir zu Ängsten neigen oder an einer tatsächlichen Störung leiden, ermöglicht es uns, unseren Zustand mit anderen Augen zu betrachten, um seine Ursprünge, aber auch seine Auswirkungen auf unseren Organismus und die verschiedenen Bereiche unseres Lebens zu verstehen.

Nachdem man die Auslöser erkannt hat, kann man zum Beispiel versuchen, seine Gewohnheiten zu ändern, um sie nach und nach zu beseitigen, oder lernen, sie auf eine gemäßigtere und gelassenere Weise zu leben. Auf jeden Fall gibt es viele nützliche Verhaltensweisen, die zur Bekämpfung von Angstzuständen eingesetzt werden können, auch wenn sie unsere Situation nicht zu beeinflussen scheinen oder nichts zur Verbesserung beitragen. Dazu gehört eine gute Schlafqualität, d. h. regelmäßige Zeiten am Abend und am Morgen und mindestens 7-8 Stunden Schlaf pro Nacht. Bei Schlafschwierigkeiten können Sie auf natürliche Entspannungsmittel wie Kräutertees, Kamillentee oder Melatonin zurückgreifen, aber auch körperlich aktiv sein, wenn Sie können, und gleichzeitig Stress bekämpfen und Ihr Selbstwertgefühl verbessern. So unmöglich es uns auch erscheinen mag, wenn wir zu viele Verpflichtungen haben, eine Auszeit zu nehmen, verringert die Angstzustände erheblich und ermöglicht es uns, den Verstand abzuschalten, wenn auch nur für ein paar Minuten. Wenn Sie merken, dass Ängste und Stress überproportional zunehmen, sollten Sie, anstatt sich unerbittlich zu wehren, einen Spaziergang an der frischen Luft machen und tief durchatmen, Kontakte knüpfen und freundliche Gesichter oder neue Menschen treffen, mit denen Sie Ihre Ängste abbauen können, ein Buch lesen oder ein heißes Bad nehmen, um ein wenig zu entspannen.

Psychologie und Psychotherapie: Eine Therapie ist vor allem bei einschneidenden Ereignissen wie Verlusten, Verlassenwerden usw. sinnvoll. Insbesondere das Sprechen über die eigenen Traumata, aber auch einfach über die eigenen Ängste zu den verschiedensten Themen unseres Lebens, ermöglicht es uns, die Dinge klarer zu sehen und somit rationaler zu analysieren. Während bei Traumata psychologische Unterstützung unerlässlich ist, um sie auf die richtige Art und Weise zu überwinden, kann es bei "einfachen" Ängsten und Stress aufschlussreich sein, eine professionelle und externe Sichtweise zu hören, die uns zu einer richtigen Perspektive auf das Leben führen kann, die vielleicht anders ist als die, an die wir gewöhnt sind. Ein besonderer Fall sind Kindheitstraumata, bei denen die Betroffenen dazu neigen, die Symptome von Angststörungen mit größerer Schwere zu entwickeln, ohne dass sie in der Lage sind, ihren Zustand auf die ursprüngliche Ursache zurückzuführen, die im Unterbewusstsein verborgen ist und durch diese Störungen deutlich wird. Solche Situationen erfordern spezifische und angemessene therapeutische Maßnahmen, um die Ursachen und Folgen solcher Ereignisse zu bewältigen, deren Überwindung für ein gesundes Leben von grundlegender Bedeutung ist. Die häufigste psychologische Behandlung zur Bekämpfung von Angststörungen ist die kognitive Verhaltenspsychotherapie, die je nach Thema auch mit einer pharmakologischen Behandlung zur Dämpfung der Angstsymptome kombiniert werden kann. Bei dieser Therapie werden vor allem verhaltenstherapeutische und kognitive Umstrukturierungstechniken eingesetzt, um einerseits die Angstsymptome zu beseitigen und andererseits den Patienten zu helfen, ihre Lebenseinstellung zu ändern, indem sie beispielsweise ihre Toleranz gegenüber der Realität und dem unvermeidlichen täglichen Stress verbessern. Zu diesem Zweck werden häufig Problemlösungsübungen sowie Übungen aus der metakognitiven Therapie eingesetzt, einem speziellen Bereich, der sich auf die Fähigkeit der

Patienten konzentriert, mit dem ständigen Grübeln aufzuhören und neue Wege im Umgang mit ihren Gedanken und ganz allgemein mit ihrem Leben zu finden. Dies ist Teil des Prozesses der Akzeptanz der eigenen Angst, bei dem man lernt, sie nicht schlecht und ängstlich, sondern gelassen und konstruktiv zu leben. Ohne es zu merken, werden so Misserfolge zu Gelegenheiten und Schwierigkeiten zu Momenten, in denen man sein Bestes geben kann.

Heilmittel für Panikattacken

Wie bei Angststörungen gibt es auch bei Panikattacken viele wirksame Mittel, um zu lernen, wie man sie verhindern und kontrollieren kann. In diesem Abschnitt werden wir uns ansehen, wie man dies tun kann, wenn man allein ist, und auch nützliche Ratschläge für diejenigen geben, die jemandem in einer Krise beistehen müssen.
Um zu lernen, wie man mit seinen Panikattacken richtig umgeht, ist es - wie bei Angst und Stress - in erster Linie wichtig zu wissen, was man erlebt, angefangen bei den Faktoren, die zu den Krisen führen, bis hin zu den manifesten Symptomen und technischeren Informationen wie ihrer Dauer oder der Zeitspanne zwischen den Krisen.

Um Ihren Zustand besser kennenzulernen, kann es sehr hilfreich sein, die Anfälle über einen längeren Zeitraum zu verfolgen, indem Sie beispielsweise in einem Tagebuch das Datum jedes Anfalls, die Situation, in der er auftrat, den auslösenden Faktor und die Gesamtdauer der Krise notieren. Auf diese Weise können Sie im Laufe der Zeit Gemeinsamkeiten zwischen den einzelnen Anfällen herausfinden, z. B. deren Ursachen oder Symptome, und Sie werden sich dadurch bewusster, was mit Ihnen geschieht, und lernen allmählich nicht nur mehr über Ihren Zustand, sondern auch und vor allem über sich selbst.

Insbesondere das Studium der eigenen Krisen ist von besonderer Bedeutung, da es Ihnen ermöglicht, ihre Symptome zu erkennen und sie zu erkennen, sobald sie auftreten, so dass Sie sofort verstehen können, ob Sie im Begriff sind, eine Panikattacke zu bekommen, wenn Sie ein plötzliches Herzrasen verspüren oder unter Atemnot leiden, oder ob es sich um einen anderen Zustand handelt. Wenn Sie wissen, was mit Ihnen geschieht, können Sie sich entsprechend verhalten, indem Sie beispielsweise einen abgelegenen Ort aufsuchen, um Ihre Krise zu kontrollieren, ohne dass unerwünschte Blicke auf Sie gerichtet sind. So nützlich dies sein kann, wenn Sie sich in der Öffentlichkeit befinden und sich nicht blamieren wollen, so wichtig ist es aber auch, wenn Sie allein sind, denn so können Sie die Krise bewusst und ohne fremde Hilfe in den Griff bekommen, bis sie vorbei ist.

Wenn Sie sich mitten in einer Panikattacke befinden, sind bewusste Atemübungen wie die, die wir uns gleich gemeinsam ansehen werden, ein wirksames Mittel, denn verschiedene Studien haben gezeigt, dass sie den Herzschlag verlangsamen und die Angst verringern. Solange Ihr Herz weiterhin beschleunigt Blut pumpt, werden Sie weder in der Lage sein, regelmäßig zu atmen, noch werden Sie sich vollständig beruhigen und zur Vernunft zurückfinden können. Deshalb ist es das Wichtigste, sich zu zwingen, tief zu atmen, auch wenn es im Moment unmöglich erscheint, aber es wird überraschende Auswirkungen auf die Dauer der Krise haben.

Ein weiteres Problem ist die Tatsache, dass unsere gesamte Aufmerksamkeit von dem, was wir gerade erleben, in Anspruch genommen wird. Solange wir uns von der Panik, die uns nicht atmen lässt, überwältigt fühlen, werden die Angst und der Schrecken, die wir empfinden, nur zunehmen und damit auch unsere Panik und die Dauer der Krise. Ein sehr wirksames Mittel, um diesen Kreislauf zu durchbrechen und so schnell wie möglich aus ihm herauszukommen, kann darin bestehen, unsere Aufmerksamkeit von der Panik, die wir erleben, und von der Situation im Allgemeinen abzulenken und uns auf etwas anderes zu konzentrieren: Putzen, Sport treiben, sich waschen, mit einem Freund sprechen, eine Anekdote erzählen und so weiter sind einfache Handlungen, die uns helfen, uns besser zu fühlen und den Moment der Krise zu ignorieren, bis er vorüber ist.

Die Psychotherapie ist definitiv der am meisten empfohlene Weg zur Lösung von Panikattacken. Wie bei den Angststörungen ist auch hier die kognitive Verhaltenstherapie die von Wissenschaftlern und Forschern am meisten anerkannte. Sie untersucht nicht nur den theoretischen Aspekt der Situation, wie z. B. Ursachen und Folgen von Krisen, sondern versetzt den Patienten in eine aktive Rolle beim Verstehen des Problems durch Übungen, um die Teufelskreise, in die man leicht gerät, zu beenden. So wird zum Beispiel versucht, die Perspektive zu ändern, indem man versucht, katastrophale Gedanken zu begrenzen, wenn die Angst aufkommt, um zu lernen, sie nicht zu fürchten, bis zu dem Punkt, an dem der Übergang von Angst zu Panik vermieden wird. Eine andere Phase desselben Ansatzes setzt stattdessen auf der Verhaltensebene an, um dasselbe Ziel zu erreichen, und konzentriert sich einerseits auf die Fähigkeit des Patienten, mit Situationen umzugehen, die er als riskant oder als Auslöser betrachtet (z. B. Kaffee trinken oder Sport treiben), weil er befürchtet, dass sie einen Anfall auslösen könnten, und andererseits auf die Abschaffung von Schutzgewohnheiten für den Fall einer Krise, wie z. B. niemals allein oder ohne die Einnahme von Medikamenten gegen Angstzustände auszugehen.

In den letzten Jahren wurde auch die Gruppentherapie aufgewertet, die ebenso wirksam ist wie das persönliche Gespräch mit dem Psychologen. Wie bei vielen anderen Störungen und Erkrankungen ist dies auch bei Panikattacken empfehlenswert, da Sie so mit Menschen sprechen können, die sich in der gleichen Situation befinden wie Sie. Darüber zu sprechen, was Sie bedrückt und wie Sie sich fühlen, oder auch nur denjenigen zuzuhören, die Ähnliches erleben wie Sie, wird Ihnen helfen, aus sich herauszugehen und zu erkennen, dass Sie damit nicht allein sind. Im Gegenteil, Sie werden dadurch offener für Ihre Situation und können sich selbst besser akzeptieren!

Gruppentherapien helfen Ihnen nämlich, Gleichgesinnte zu finden, mit denen Sie nützliche Präventionsmethoden gegen Panikattacken ausprobieren und Ihr Leben und Ihre Ängste teilen können. Dies ist besonders wichtig, um die Bedeutung des Problems herunterzuspielen und mehr Vertrauen in sich selbst und in die Zukunft zu haben, so dass Sie gelassener leben und schließlich die nötige Kontrolle erlangen können, um die Krisen in Zukunft zu verringern.

Schließlich ist das Gefühl der Hilflosigkeit, das man angesichts einer Panikattacke empfindet, auch für diejenigen sehr ähnlich, die sie nicht persönlich, sondern nur von außen erleben. Wir alle würden einer uns nahestehenden Person, die eine Krise durchmacht, gerne helfen, aber wir wissen oft nicht, was wir tun können, damit es ihr so schnell wie möglich besser geht. Aus diesem Grund ist es, vor allem wenn wir bereits wissen, dass eine uns nahestehende Person eine solche Situation durchlebt, sinnvoll, vorbereitet zu sein und zu wissen, wie man sich entsprechend verhält, sowohl was die Einstellungen betrifft, die man einnehmen sollte, als auch die, die man vermeiden sollte.

Wenn eine Ihnen nahestehende Person eine Krise hat, ist es wichtig, zunächst die Symptome zu erkennen, wie wir sie im ersten Abschnitt beschrieben haben, und zu verstehen, ob es sich um eine Panikattacke oder einen Herzinfarkt handelt. Vor allem, wenn Sie sich nicht sicher sind, was es ist, wenn die Person, die die Krise hat, noch nie eine hatte oder wenn sie an anderen Krankheiten leidet, die die Situation verschlimmern könnten, ist es wichtig, sofort um Hilfe zu rufen und Unterstützung herbeizurufen, wobei Sie in der Nähe der leidenden Person bleiben und Ihre Unterstützung spürbar machen sollten.

Versuchen Sie, ohne bedrückend zu wirken, ein paar Fragen zu stellen, um die Ursache des Anfalls zu verstehen, damit Sie sie beseitigen können - egal, ob es sich um eine Person, einen Ort oder ganz banal um einen Gegenstand handelt. Sie können zum Beispiel denjenigen, der den Anfall hat, in einen anderen, luftigeren Raum bringen. Sagen Sie der betroffenen Person immer laut, wenn Sie sie berühren und von ihrem Platz wegbringen wollen, denn ein plötzlicher Kontakt könnte die Panik nur verschlimmern und so die Dauer der Krise verlängern, wenn nicht sogar andere, schlimmere Symptome auslösen. Wenn die Person neben Ihnen mehr oder weniger klar ist und Fragen beantworten kann, können Sie versuchen, sie zu fragen, ob es einen bestimmten Ort gibt, an den sie gehen möchte, oder andere nützliche Informationen, um die Krise schneller zu überwinden.

Fordern Sie die andere Person in der Zwischenzeit auf, ruhig und regelmäßig zu atmen, und helfen Sie ihr, indem Sie langsam mit ihr atmen.

Einige nützliche Techniken können sein:
- Lassen Sie die andere Person sich auf die Atmung konzentrieren, indem Sie gemeinsam versuchen, durch die Nase einzuatmen und durch den Mund auszuatmen und zu zählen, wie oft Sie ein- und ausatmen. Versuchen Sie dann, die beiden Schritte zunächst jeweils

zwei Sekunden, dann vier und dann sechs Sekunden lang zu machen, bis die Atmung nicht mehr regelmäßig ist;
- Wenn die andere Person bei klarem Verstand ist, können Siesie ermutigen, in eine Papiertüte zu atmen, aber zwingen Sie sie nicht, dies zu tun! Bei manchen Menschen kann dies die Situation nur verschlimmern und negative Erfahrungen aus der Vergangenheit wachrufen. Wenn die Person neben Ihnen damit einverstanden ist, atmen Sie etwa zehn Mal in die Tüte ein und aus, dann atmen Sie 15 Sekunden lang selbstständig, um nicht zu viel von dem in der Tüte enthaltenen Kohlendioxid einzuatmen.

Wenn Sie sehen, dass die betroffene Person während des Angriffs versucht, wegzulaufen und sich zu bewegen, überzeugen Sie sie, stehen zu bleiben und sich dem, was sie erlebt, nach und nach zu stellen. Umgekehrt, wenn er oder sie sich nicht bewegen will, sondern lieber bis zum Ende stillhalten möchte, ist körperliche Bewegung gut, um ihn oder sie zu ermüden und den Moment schneller vergehen zu lassen. Lenken Sie die andere Person mit Ihnen ab, indem Sie sich auf andere Handlungen konzentrieren, z. B. Ihre Arme bewegen, etwas aufräumen oder sauber machen, denn das daraus resultierende Gefühl der Befriedigung kann Ihre Stimmung verändern und Ihnen so helfen, die Angst auf weniger traumatische Weise zu überwinden. Versuchen Sie außerdem, anhand der von Ihnen erkannten Symptome die Körpertemperatur der anderen Person zu regulieren: In Krisenmomenten kommt es häufig zu plötzlichen Hitzegefühlen; in diesem Fall kann ein kalter Gegenstand wie Eis oder ein auf die Stirn oder die Handgelenke gelegtes Handtuch helfen, die Situation zu verbessern.

Das Wichtigste ist jedoch, dass Sie die offensichtlichen Symptome oder die Angst, die die andere Person empfindet, nicht herunterspielen. Sätze wie "Du übertreibst" oder "Hör auf" verschlimmern die Situation nur und führen dazu, dass sich die andere Person unverstanden fühlt und deshalb noch mehr Angst hat. Anstatt das Geschehen abzulehnen, vielleicht um sich in der Öffentlichkeit nicht zu blamieren, sollten Sie es gemeinsam mit der betroffenen Person akzeptieren und ihr beistehen, sie ermutigen und nicht allein lassen, bis die Attacke vorüber ist. Obwohl Panikattacken in der Regel nur einige Minuten dauern, können manche Symptome auch länger anhalten, aber suchen Sie einen Arzt auf, wenn sie nicht innerhalb weniger Stunden abklingen.

Was Sie tun können, ist, wie gesagt, für die Person da zu sein und sie mit Sätzen wie "Ganz ruhig, es ist alles in Ordnung, ich bin für dich da" zu ermutigen, damit sich die andere Person verstanden und weniger verletzlich fühlt als zuvor. Für diejenigen, die eine Krise vor anderen Menschen durchmachen, ist es auch sehr leicht, sich lächerlich oder peinlich zu fühlen, was passiert. Hören Sie sich an, was er oder sie zu sagen hat, und lassen Sie ihn oder sie ausreden, ohne der Person Dinge entgegenzusetzen, die für Sie unlogisch oder irrational sind, denn dadurch würde sie sich nur missverstanden fühlen.

Wenn die Person neben Ihnen eine ernstere Panikstörung hat, können Sie ihr auch nach der Krise bei der Therapie und ihren Fortschritten helfen, indem Sie ihr Verständnis und Respekt für ihre Situation entgegenbringen, aber auch die kleinsten Fortschritte anerkennen.

Mittel gegen Stress und innere Wiedergeburt

Auch wenn wir nicht unter Panikattacken oder Angstzuständen leiden, ist es sehr häufig, dass wir eine Stressstörung haben, die unsere Gelassenheit im Alltag beeinträchtigen kann. Stress ist eigentlich ein positives Signal für unseren Körper, denn er reagiert auf die übermäßige Belastung mit Aufgaben, indem er mehr Energie als normal aufwendet, um bessere Ergebnisse in verschiedenen Bereichen unseres Lebens zu erzielen. Er ist jedoch nicht auf Dauer angelegt und steht daher im Gegensatz zu dem von der heutigen Gesellschaft geforderten Tempo und dem hektischen Leben voller Verpflichtungen, an das wir uns alle gewöhnt haben und in dem selbst die Vergeudung einer Minute unserer Zeit zu einer Quelle von Stress für uns werden kann. Stressige Situationen, die zu lange andauern, nähren unseren Organismus nicht und spornen ihn nicht zu mehr Leistung an, sondern machen ihn nur müde und beschwerlich. Ein zu anstrengender Beruf, ständige familiäre Probleme und wirtschaftliche Schwierigkeiten untergraben allmählich unser psychophysisches Wohlbefinden, bis es sich völlig verschlechtert und wir uns über alles ärgern, was uns nicht gefällt, z. B. über den Autofahrer, der schneller fahren und uns überholen lassen könnte, oder über den Computer, der zu langsam ist und unsere kostbare Zeit vergeudet.

Der Grund dafür, dass wir oft nicht merken, dass wir eine stressige Phase länger als nötig durchleben, liegt im so genannten "metabolischen Syndrom", d. h. einer Nebenwirkung der chronischen Stresserkrankung, die langsam zu einer Abhängigkeit von den Aufgaben führt, denen man nachgeht. Kurz gesagt, man gewöhnt sich so sehr daran, ständig gestresst zu sein, dass man sich dessen nicht mehr bewusst ist und somit die psychophysischen Symptome, die uns eigentlich alarmieren sollten, nicht mehr wahrnimmt.

Auch wenn wir nicht alle Probleme beseitigen können, die uns tagtäglich plagen, kann eine Änderung unseres Lebensstils und unserer Einstellung zur Außenwelt sehr einfach sein und erfordert nur ein wenig guten Willen. Hier sind einige nützliche Tipps:

Sich seiner selbst und seines Körpers bewusst zu werden, ist der erste Schritt zur Bewältigung der Stresserkrankung, unter der man leidet. Da jeder Mensch Stress anders erlebt, sei es in akuter oder chronischer Form, ist es sehr effektiv, sich selbst zu befragen, wie man auf Stress durch tägliche Verpflichtungen reagiert, und zu analysieren, wie unser Körper unter stressigen Bedingungen reagiert. Zum Beispiel, um zu verstehen, ob wir dazu neigen, unsere Konzentration oder Rationalität zu verlieren, oder ob wir leichter nervös werden, mehr essen oder weniger schlafen. Gleichzeitig müssen wir die Gründe untersuchen, warum sich unser Zustand nicht bessert. Warum sind wir ständig gestresst? Welches sind die Hauptursachen, die uns an diesen Punkt gebracht haben? Und welche davon können wir beseitigen? Und wie?

All diese Punkte zu skizzieren ist der erste Schritt, um zu verstehen, in welche Richtung wir uns bewegen müssen, um zu heilen und ein gesünderes Leben zu führen! Wir bekämpfen die Gewohnheiten unseres Körpers, so schwierig es auch erscheinen mag. Wenn wir zum Beispiel feststellen, dass wir immer zu viel Süßigkeiten und Snacks essen, wenn wir gestresst sind, versuchen wir, sie durch Obst oder andere gesündere Lebensmittel zu ersetzen. Wenn es uns schwer fällt, nachts zu schlafen, weil wir nicht aufhören können, darüber nachzudenken, was wir am nächsten Tag tun müssen, oder über die Sorgen, die uns plagen, dann suchen wir nach natürlichen Schlafmitteln wie Melatonin, Kamille oder Baldrian. Sich selbst zu kennen, ist der erste Schritt zu einem besseren Leben, und auf diesem Weg werden Sie feststellen, dass Ihr gesamter Lebensstandard stärker sein wird als zuvor.

In Anbetracht der eigenen Symptome und der Folgen von Dauerstress kann man seinen Lebensstil ändern und einen gesünderen, von schlechten Gewohnheiten "befreiten" Lebensstil annehmen. Wie bereits erwähnt, sind Einschlafprobleme eine sehr häufige Störung in der heutigen Zeit. Unabhängig davon, ob wir von einem Stresszustand ausgehen oder nicht, ist es wichtig, eine gute Schlafqualität zu haben und die Stunden zu schlafen, die unser Organismus benötigt, um sich wieder aufzuladen und am nächsten Tag besser zu "funktionieren".

In Zeiten hohen Stresses ist es mehr als normal, nicht gut schlafen zu können, und dafür gibt es auch eine wissenschaftliche Erklärung. Kurz gesagt, wenn wir überfordert sind, aktivieren wir Glycocorticoide, die Hormone, die für die physiologische Aktivierung zuständig sind und die in solchen Momenten das Gehirn stimulieren, es aktiv halten und so vom Einschlafen abhalten. Andererseits kann es sich bei Schlafmangel nicht wieder aufladen, was zu Konzentrations- und Energiemangel führt und den bereits bestehenden Stresszustand noch verschlimmert, der nun durch körperliche Müdigkeit noch verstärkt wird.

Ein erster - wenn auch für viele von uns schmerzhafter - Schritt zur Schlafhygiene besteht darin, mindestens eine halbe Stunde vor dem Schlafengehen auf das Smartphone zu verzichten. Die Lektüre eines Buches oder eine ähnliche Tätigkeit ermöglicht es dem Körper, sich zu entspannen und die Augen auszuruhen und sich von den Bildschirmen von Mobiltelefonen, Tablets und Computern zu erholen, an die wir den ganzen Tag gebunden sind. Wenn Sie eine Abendbeschäftigung finden, die es Ihnen ermöglicht, alle Teile Ihres Körpers auszuruhen, werden Sie einen guten Schlaf finden und Ihre Augen weniger belasten. Versuchen Sie außerdem, mindestens sieben oder acht Stunden pro Nacht zu schlafen und vermeiden Sie zu schwere Mahlzeiten.

Ähnlich wie bei Smartphones gilt: Auch wenn wir den Eindruck haben, entspannt zu sein und uns nach einem deftigen Abendessen manchmal sogar schläfrig fühlen, befindet sich unser Magen in Wirklichkeit noch in der Verdauungsphase, die im Schlaf mit größerer Anstrengung erfolgt. Darüber hinaus hat es sich als sehr hilfreich erwiesen, vor dem Schlafengehen eine Abendroutine zu schaffen - wie z. B. das Abschminken und Zähneputzen oder auch nur der Gang durch das Haus, um das Licht auszuschalten, da dies das Gehirn indirekt auf die Einschlafphase vorbereitet und es Ihnen so ermöglicht, einige zusätzliche Minuten Schlaf zu bekommen. Wenn Sie sich diese Routine Tag für Tag angewöhnen, werden Sie mit der Zeit überraschende Ergebnisse erzielen.

Andere nützliche Verhaltensweisen zur Verbesserung Ihres Lebensstandards können zum Beispiel darin bestehen, Ihre Ernährung leicht zu ändern, indem Sie Lebensmittel mit mehr Serotonin bevorzugen und koffeinhaltige Lebensmittel meiden, wie wir im vorherigen Abschnitt erwähnt haben. Insbesondere bei Stress sollte eine der zentralen Verhaltensweisen darin bestehen, stressige Situationen zu vermeiden oder zu reduzieren, sobald man sie erkannt hat. Hier gilt die gleiche Regel wie bei der Angst. Ob es sich um Menschen, Situationen oder Verpflichtungen handelt, von denen wir wissen, dass sie nicht gut für uns sind und die unseren bereits bestehenden Stresszustand nur verfestigen und verschlimmern, wir müssen lernen, nein zu sagen, wenn es nötig ist, und mehr an uns selbst zu denken. Nur dann werden wir in der Lage sein, die richtige Zeit und Energie dem zu schenken, der und das es wirklich braucht, und wir werden uns bald freier und wohler mit uns selbst fühlen.

Eine gute Möglichkeit, Stress zu bekämpfen, sind soziale Aktivitäten, die in solchen Momenten oft in den Hintergrund treten. Im Gegenteil, es ist erwiesen, dass soziale Beziehungen ein hervorragendes Mittel gegen akuten und chronischen Stress sind, da sie Geist und Körper entspannen und so einerseits unseren emotionalen Zustand regulieren und andererseits den Körper wieder ins Gleichgewicht bringen. So undenkbar es uns auch manchmal erscheinen mag, Zeit mit unseren Freunden oder unserem Partner zu verbringen, wenn wir uns durch Studium oder Arbeit überlastet fühlen, so ist es doch für unser Wohlbefinden unerlässlich, dass wir uns jede Woche Zeit nehmen, um sie gemeinsam zu verbringen und "abzuschalten", damit wir uns der Arbeit mit mehr Energie und Klarheit als zuvor stellen können.

Vielen Wissenschaftlern und Forschern zufolge ist Meditation eine sehr wirksame Praxis, um Stresszustände und insbesondere psychophysische Spannungen in unserem Körper zu reduzieren. Die Achtsamkeitsmeditation ist eine der etabliertesten Praktiken auf diesem Gebiet und wird vor allem im Zusammenhang mit Angst- und Stresszuständen dringend empfohlen. Kurz gesagt, zielt sie darauf ab, die Art und Weise zu verbessern, wie wir nicht nur mit unseren Gedanken, sondern auch mit unseren Gefühlen umgehen. Diese Technik basiert auf der Fähigkeit, sich ausschließlich auf das Hier und Jetzt zu konzentrieren, negative Gedanken und Gefühle zu verdrängen und stattdessen uns selbst und unseren aktuellen Zustand zu betrachten, ohne ihn zu bewerten. Die Grundlage der Achtsamkeitsmeditation ist die Bereitschaft, nur als Lebewesen zu existieren, d. h. den eigenen Körper und die irdische Präsenz wahrzunehmen, ohne an etwas anderes zu denken. Da es sich um eine Praxis buddhistischen Ursprungs handelt, basiert sie auf den Lehren des Buddha, die Dharma genannt werden und die geistigen Faktoren aufzeigen, die nützlich sind, um das Wesen jeder Erfahrung zu erfassen, wie z. B. Streben, Vertrauen oder Gewahrsein. Das Verstehen der Wahrheit hinter dem, was wir sind, und unserer eigentlichen Essenz hilft also nicht nur, unser Leiden zu verringern, sondern auch ein dauerhaftes emotionales Gleichgewicht und psychologisches Wohlbefinden zu erreichen. Das bedeutet nicht, dass wir unsere äußere Realität und unsere Umgebung verändern müssen, sondern dass wir uns selbst emotional und kognitiv verändern und die Art und Weise, wie wir mit ihnen in Beziehung treten, um so die Fehler zu korrigieren, die wir bisher gemacht haben.

Wie wir bereits über Angst- und Panikattacken gesagt haben, ist es wichtig, das, was man erlebt, nicht zu leugnen. Auch hier besteht einer der Eckpfeiler dieser Art von Meditation darin, die negativen Emotionen, die uns innerlich bedrängen, nicht abzulehnen, sondern uns selbst vollständiger und von ganzem Herzen zu akzeptieren, alles willkommen zu heißen, was auf Gedeih und Verderb Teil von uns ist, und es als Sprungbrett zu nutzen, um zu wachsen und uns der Welt um uns herum bewusster zu werden. Folglich sind wir nicht aufgefordert, uns von solchen negativen Gefühlen und Situationen abzuwenden, sondern uns ihnen frontal zu stellen, um zu lernen, mit ihnen umzugehen und sie mit uns leben zu lassen, bis wir sie vollständig loswerden können. Auch wenn die Konfrontation mit unseren Dämonen das Letzte ist, was wir tun wollen, und wir sofort dazu neigen würden, uns so weit wie möglich vom Leiden zu entfernen, ist es absurderweise genau diese Konfrontation, die es uns ermöglicht, besser mit uns selbst zu leben, da sie uns hilft, uns des Leidens um uns herum und im Allgemeinen der Welt um uns herum bewusster zu werden. Auf diese Weise werden wir in der Lage sein, uns durch unangenehme Situationen in unserem Leben oder durch Situationen, in denen wir uns unwohl fühlen, weniger belastet zu fühlen als zuvor, und wir werden uns freier fühlen, wir selbst zu sein.

Jede Woche Sport zu treiben, ist eine perfekte Möglichkeit, die negativen Energien, die uns schlecht fühlen lassen, abzubauen. Insbesondere bei regelmäßigem Sport werden Endorphine ausgeschüttet, also Stoffe, die einerseits Energie und Vitalität verleihen und den natürlichen Lustmechanismus anregen, andererseits aber auch Stress- und Angstgefühle bekämpfen. Nach Ansicht vieler Wissenschaftler sind die wirksamsten Sportarten, um diesen Zuständen entgegenzuwirken, diejenigen, die an der frischen Luft ausgeübt werden, wie z. B. Radfahren, Waldspaziergänge oder Kanufahren, da sie dem Körper eine noch vollständigere Sauerstoffzufuhr ermöglichen als bei Sportarten, die in geschlossenen Räumen ausgeübt werden, und den Prozess des Angstabbaus beschleunigen. Außerdem trägt das Sonnenlicht wesentlich zu diesem Prozess bei, da es unsere Stimmung verbessert und zur Bildung von Serotonin und Vitamin D beiträgt. Nicht zu unterschätzen ist schließlich auch die beruhigende Wirkung, die die Natur auf uns haben kann, denn sie bringt uns viele Vorteile, allein schon deshalb, weil sie es uns ermöglicht, der lauten Stadtumgebung und der ständigen Lärmbelästigung durch Autos und Passanten zu entkommen. Schließlich gehören Laufen oder leichte Aerobic sicherlich zu den idealen Sportarten, aber auch Schwimmen, Radfahren oder Fitness sind zu empfehlen, da es sich dabei um komplette Sportarten handelt, die es uns ermöglichen, den gesamten Körper zu trainieren und zu ermüden, was einen noch umfassenderen Effekt gewährleistet. Bevorzugen Sie außerdem Sportarten, die Ihnen Spaß machen und möglichst ohne Wettkampfcharakter sind, damit Sie sich in Ihrer Pause so gut wie möglich entspannen können, ohne den Stress, den Sie bekämpfen wollen, zu verstärken. Wenn Sie keine Zeit oder keine Lust für einen kompletten Sport haben, sind auch nur 20 Minuten Gehen am Tag ideal für ein besseres Leben.

Die Beziehung zu Ihrem Partner: Im Alltag ist es normal, dass unsere Beziehung durch beruflichen oder familiären Stress beeinträchtigt wird. Deshalb ist es nützlich zu lernen, wie man damit umgeht, um die Beziehung nicht zu ruinieren. Anstatt sich in seinem Stress zu isolieren, sollten Sie ihn mit Ihrem Partner teilen, indem Sie sich Luft machen und ihm die Gründe für Ihren Zustand erklären, während Sie sich auch Momente gönnen, in denen Sie zusammen sind und nicht an Ihre Sorgen denken. Wenn sich Ihr Partner bei Ihnen Luft macht, versuchen Sie nicht unbedingt, eine Lösung für das Problem zu finden. Oft genügt es, zuzuhören und zu zeigen, dass Sie für ihn da sind! Zwingen Sie ihm nicht Ihre persönliche Sicht der Dinge auf und zwingen Sie ihn nicht, so zu reagieren, wie Sie es tun würden, denn jeder Mensch ist anders und reagiert auf Stresssituationen auf seine eigene Weise. Versuchen Sie, ihm in seinem Alltag zu helfen und seine tägliche Last zu erleichtern. Auch wenn es Ihnen nicht gelingt, so ist es doch ein Beweis dafür, dass Sie es versuchen, und Ihr Partner wird sich von Ihnen verstanden und geliebt fühlen.

Zu bedenken ist auch, dass Stresshormone auf Männer und Frauen unterschiedlich wirken und dazu führen, dass sie Stress ganz anders erleben: Während Frauen in der Regel mehr auf Gefühle achten und daher emotionalen Trost bevorzugen, um die Nähe ihres Partners zu spüren, konzentrieren sich Männer dagegen mehr auf Handlungen und bevorzugen es oft, Hilfe auf eine praktischere und materiellere Weise zu erhalten.

Vergessen Sie dabei aber nicht, dass Sie selbst betroffen sind. Die Hilfe für unseren Partner kann auch für uns anstrengend sein, und deshalb dürfen wir nicht aus den Augen verlieren, wie wir selbst auf die Situation reagieren, mit der wir konfrontiert sind, ob wir nun auf der gestressten Seite des Paares stehen, das Hilfe braucht, oder ob wir auf der anderen Seite stehen und all unsere Kraft in die Hilfe stecken. In beiden Fällen ist die emotionale Belastung beträchtlich und oft lang anhaltend, so dass wir wissen müssen, wann wir aufhören müssen, um uns um uns selbst zu kümmern, sonst werden wir nie in der Lage sein, unserer anderen Hälfte so zu helfen, wie wir es gerne möchten. Andererseits ist es auch wichtig zu erkennen, wann unser Partner an seine Grenzen stößt, damit wir ihn davon überzeugen können, im Bedarfsfall um Hilfe zu bitten, sowohl für sich selbst als auch für die Beziehung.

Schließlich können, wie bereits erwähnt, bewusste Atemübungen sehr nützlich sein. Schauen wir uns einige von ihnen gemeinsam an:

- Tiefe Bauchatmung: Legen Sie auf dem Rücken liegend oder sitzend mit geradem Rücken Ihre Hände auf den Bauch, bis sich Ihre Finger berühren. Atmen Sie langsam ein und aus und achten Sie dabei auf die Luft in Ihrem Bauch und in Ihrer Brust. So spüren Sie, wie sich Ihr Bauch nach außen wölbt, bis sich Ihre Finger voneinander wegbewegen. Wenn Sie ausatmen, entspannen Sie zuerst Ihren Brustkorb und dann Ihren Bauch, so dass er sich nach und nach entleert. Wiederholen Sie diese Übung so oft, wie Sie möchten. Sie wird sehr hilfreich sein, um die Sauerstoffversorgung Ihres Körpers zu verbessern, weshalb Sie sich vielleicht eine Zeit lang etwas schwindlig fühlen.

- Legen Sie sich auf den Boden und beugen Sie die Knie. Lassen Sie die Füße nahe am Becken auf dem Boden und die Arme an den Seiten. Drücken Sie Ihr Becken und Ihre Wirbelsäule zum Boden und atmen Sie langsam aus, wobei Sie Ihren Bauchnabel nach innen bringen. Halten Sie den Atem einige Sekunden lang so an und beginnen Sie dann mit dem Einatmen, wobei Sie nun Ihr Becken anheben. Wiederholen Sie die Übung ein paar Minuten lang und legen Sie sich dann hin, um Ihren Körper weiter zu dehnen und Ihre Muskeln zu entspannen.

- Wechselatmung: Verschließen Sie das linke Nasenloch mit dem Zeige- und Mittelfinger der rechten Hand und atmen Sie durch das rechte Nasenloch ein. Unmittelbar danach verschließen Sie dieses mit dem Daumen und atmen durch das linke Nasenloch aus. Wiederholen Sie die Übung, indem Sie nun durch das linke Nasenloch einatmen, beide Nasenlöcher schließen und dann nach rechts wechseln. Diese Übung ist sehr praktisch, da sie überall durchgeführt werden kann, ohne dass man sich hinlegen oder hinsetzen muss. Sie ist auch sehr nützlich, um den Körper zu entspannen und das Gleichgewicht zwischen den beiden Gehirnhälften wiederherzustellen, wodurch die Konzentration verbessert wird.

- Progressive Muskelentspannung: Langsam einatmen und dabei die Muskeln so stark wie möglich anspannen. Halten Sie die Luft einige Sekunden lang in der Lunge und atmen Sie dann aus, wobei Sie die Muskeln nach und nach entspannen. Wiederholen Sie diese Übung fünf- oder sechsmal und bleiben Sie zum Schluss einige Sekunden lang sitzen oder liegen, damit Sie die Entspannung Ihres Körpers besser wahrnehmen.

- Drücken Sie die Luft aus der Lunge und atmen Sie langsam ein, dann atmen Sie sechs Sekunden lang aus und vier Sekunden lang ein. Wiederholen Sie diese Übung zwei bis fünf Minuten lang.

- Atmen Sie im Sitzen oder Liegen vier Sekunden lang ein und aus. Achten Sie darauf, dass die beiden Momente gleich lang sind und konzentrieren Sie sich auf die Luft in Ihren Lungen.

- Legen Sie sich mit Kissen unter Kopf und Knie hin, legen Sie eine Hand auf den Bauch und die andere auf die Brust. Atmen Sie durch die Nase ein und durch den Mund aus. Wiederholen Sie diese Übung drei- bis viermal täglich für zehn Minuten. Auf diese Weise üben Sie die Zwerchfellatmung und reduzieren die Stressbelastung des Körpers.

Gewinnen Sie Ihr Leben zurück

Foto von Kim Magnago. Konzession zur Nutzung.

Sie werden bald merken, wie diese Techniken Ihnen helfen werden, friedlicher zu leben und das Gleichgewicht in Ihrem Umfeld wiederherzustellen. Neben diesen Übungen zur Stressreduzierung im Alltag gibt es jedoch noch viele andere nützliche Verhaltensweisen, die Sie sich aneignen können, um die gleiche Veränderung in größerem Umfang herbeizuführen und das Problem nicht nur in Ihrer Gegenwart, sondern auch in der Zukunft zu lösen.

Hier finden Sie weitere Tipps, wie Sie Ihr Ziel erreichen und Ihre Angst loswerden können:

Mit dem Überdenken aufhören: Dies ist vielleicht die schwierigste Veränderung, denn das Überdenken ist ein so natürlicher Prozess, dass es oft unmöglich scheint, ihn zu kontrollieren oder gar ganz zu stoppen, aber es gibt einen Weg. Wie bei jedem anderen Problem und jeder anderen Störung, mit der wir bisher konfrontiert waren, besteht der erste Schritt, um sie loszuwerden, immer darin, sich bewusst zu machen, was man erlebt. In diesem Fall müssen wir zunächst in der Lage sein zu erkennen, ob wir dazu neigen, zu viel nachzudenken - obwohl dies ein sehr häufiges Phänomen bei Stress und Angstzuständen ist -, damit wir schließlich verstehen können, wann wir über dieses oder jenes Thema zu viel nachdenken und es an der Zeit ist, damit aufzuhören. In dem Moment, in dem wir diese Schwäche offen zugeben, können wir sie nicht mehr vor uns selbst verbergen, und es wird daher viel leichter sein, die riskanten Momente zu erkennen, in denen wir das Gefühl haben, wieder in zwanghaftes Denken zu verfallen. Wenn dies der Fall ist, kann eine gute Übung darin bestehen, einen Schritt zurückzutreten und bei Null anzufangen, indem wir nicht nur die Situation, sondern auch die Art und Weise, wie wir mit ihr umgehen, objektiv analysieren. Dies wird ein erster Schritt sein, um zu verstehen, an welchem Aspekt wir in Zukunft arbeiten müssen. Zum Beispiel, ob unser Grübeln auf mangelndes Vertrauen in andere zurückzuführen ist - weil wir Angst haben, sie könnten etwas falsch machen - oder in uns selbst, weil wir nicht ausreichend an unsere eigenen Fähigkeiten glauben.

Wie in den meisten Fällen wird das ständige Denken oft nur von der Angst angetrieben, dass etwas schief gehen könnte, unabhängig davon, ob der Ausgang der Situation mehr oder weniger in unserer Macht liegt. Sich zwanghaft auf die möglichen negativen Folgen dessen zu konzentrieren, worüber wir nachdenken, trägt jedoch nur zu schädlichem Denken bei und ganz sicher nicht zu dessen Auflösung! Wenn Sie merken, dass Sie wieder darauf hereingefallen sind, machen Sie immer die Übung, einen Schritt zurückzutreten und zu versuchen, rational zu denken, indem Sie versuchen, jetzt die wirkliche Bedeutung der Angelegenheit zu verstehen, die praktische Möglichkeit, dass etwas passieren könnte, aber vor allem, wie sehr dies von uns abhängt. Kurz gesagt, fragen Sie sich: Ist es sinnvoll, sich darüber Sorgen zu machen? Wenn ja, kann ich etwas dagegen tun? Während wir zum Beispiel das Ergebnis einer wichtigen Arbeit, die wir mit unseren eigenen Händen erledigen, kontrollieren können, können wir nichts dagegen tun, wenn unser Partner uns verlassen will. Machen Sie sich also bewusst, wie viel Macht Sie wirklich haben, um diese Sorgen aus Ihrem Kopf zu verbannen, indem Sie sich auf die konzentrieren, bei denen Sie tatsächlich etwas bewirken können. Das wird Ihnen auch helfen, Ihre Energie besser für bevorstehende Ereignisse zu nutzen, statt für solche, die zu weit in der Zukunft liegen, und sich auf die Gegenwart zu konzentrieren, und zwar auf das, was Sie tun können - fast so, als würden Sie sich in einer ständigen Achtsamkeitsmeditation befinden.

Um dem ständigen Denken Einhalt zu gebieten, muss man auch lernen zu akzeptieren, dass etwas schief gehen kann. So sehr wir uns alle Perfektion in jedem Aspekt unseres Lebens wünschen, so normal ist es, dass dies meistens nicht erreicht wird! Anstatt an der Seitenlinie zu stehen und sich aus Angst, dass etwas schief gehen könnte, nicht zu trauen, sollten Sie die Situation mit erhobenem Haupt leben, ohne sich für jeden kleinen Fehler zu verurteilen oder ihn als zu groß zu betrachten. Wenn Sie mit Fehlern konfrontiert werden, sagen Sie sich: "Das ist okay, das ist nicht das Ende der Welt" und handeln Sie entsprechend, passen Sie sich der neuen Situation an und nutzen Sie sie zu Ihrem Vorteil. Anstatt sich von unvorhergesehenen Ereignissen und Pannen erdrücken zu lassen, sollten Sie Ihren Optimismus nicht verlieren und nach einer Möglichkeit suchen, das Problem zu lösen und die gewünschten Ergebnisse zu erzielen, denn es gibt immer einen Weg, die Dinge zu verbessern. Und schließlich, wenn Sie nicht anders können, als an etwas zu denken, das Sie quält und das Sie nicht loswerden können, versuchen Sie, sich von den Situationen, die Sie beunruhigen und stressen, abzulenken, und sei es auch nur für eine Stunde oder zwei. Sich Hobbys wie Meditation oder Sport zu widmen, mit Freunden auszugehen oder allein spazieren zu gehen und Musik zu hören, können einfache und äußerst nützliche Maßnahmen sein, um Ihren Geist zur Ruhe zu bringen und anschließend wieder klarer und rationaler zu denken als zuvor.

Umgang mit Emotionen: Um Ihre negativen Emotionen zu kontrollieren, müssen Sie zunächst lernen, sie zu verstehen. Eine nützliche Übung ist das Führen eines Emotionstagebuchs, in das Sie sich jedes Mal eintragen, wenn Sie einen intensiven Moment erleben, im Guten wie im Schlechten. Notieren Sie in diesen Momenten, ob Sie glücklich, traurig oder wütend sind und warum, die Bezugssituation und die Ursachen, die diese Gefühle in Ihnen ausgelöst haben. Wenn Sie Ihre Notizen nach einer Weile noch einmal lesen, können Sie jeden notierten Moment mit mehr Abstand betrachten und so nicht nur erkennen, welche Emotion am häufigsten auftaucht, sondern auch, wann Sie überreagiert haben - indem Sie sich zum Beispiel über eine Kleinigkeit zu sehr geärgert oder über eine Kleinigkeit aufgeregt haben, die es nicht verdient hat -, so dass Sie Ihr Verhalten entsprechend anpassen können. Wenn Sie feststellen, dass Sie am Arbeitsplatz zu empfindlich sind oder dass Sie in Situationen, in denen Sie härter hätten sein sollen, zu nachsichtig mit Ihrem Partner waren, versuchen Sie nach und nach, sich nicht mehr mit denselben Auslösern zu konfrontieren, die Sie aufgeregt haben, und verhalten Sie sich so, wie Sie es in der Vergangenheit hätten tun sollen. Gleichzeitig wird Ihnen klarer werden, welche gemeinsamen Faktoren Ihnen positive Emotionen bescheren, so dass Sie in der Lage sein werden, diese den Auslösern für negative Emotionen vorzuziehen. Sie werden also lernen, angenehme Momente zu bevorzugen und sie so oft wie möglich aufzusuchen, nicht nur, weil Sie dann mit mehr Gelassenheit und Bereitschaft für die Angst und den Ärger leben können, die unweigerlich in der Zukunft kommen werden, sondern auch, weil es Ihnen hilft, sich auf das zu konzentrieren, was Sie hier und jetzt erleben. Viele der negativen Emotionen, die wir erleben, rühren von Wut, Groll oder Traurigkeit her, die wir in schmerzhaften Situationen in der Vergangenheit empfunden haben, die aber auch zeitlich weit zurückliegen. Mit seinen Emotionen umgehen zu können, bedeutet nicht nur, übermäßige Sorgen über die Zukunft beiseite zu schieben, sondern auch, schmerzhafte Ereignisse, die wir mit uns herumtragen, hinter uns zu lassen und zu lernen, einen Schritt nach dem anderen zu tun, auch wenn der Gedanke daran uns Angst macht. Zu einem Lächeln zurückzukehren und die Traurigkeit über einen wichtigen Verlust oder den Groll über ein erlittenes Unrecht beiseite zu schieben, bedeutet nicht, das Geschehene zu vergessen, sondern es in sich aufzunehmen und es zu nutzen, um besser zu werden als zuvor. Die Entwicklung einer ausgewogenen emotionalen Intelligenz ist von grundlegender Bedeutung, um alles, was auf uns zukommt, im richtigen Maß zu erleben, ohne davon überwältigt zu werden. Die eigenen Emotionen zu Papier zu bringen, ist eine kognitive Übung, die wir alle machen sollten, unabhängig davon, ob wir das Bedürfnis haben zu lernen, wie wir mit unseren Gefühlen umgehen können oder nicht, denn sie ermöglicht es uns, uns selbst zu analysieren und einen Aspekt unserer Person kennenzulernen, den wir meistens übersehen oder gar nicht berücksichtigen.

Darüber hinaus eignet sich die bereits erwähnte bewusste Atmung hervorragend zur Bewältigung negativer Emotionen, die wir nicht immer kontrollieren können, da sie auf unseren Körper wie eine Art Reinigung von emotionalen Giftstoffen wirkt und so die Last in uns verringert, die wir oft in der Brust spüren, wenn uns bestimmte Emotionen zu überwältigen beginnen, z. B. wenn wir uns vor etwas zu sehr fürchten oder zu viel Stress wegen einer Angelegenheit empfinden, die uns am Herzen liegt.
Schließlich ist es auch wichtig zu lernen, wie wir das Beste aus dem machen, was wir erleben, und zu verstehen, dass jede Emotion für uns nützlich sein kann, sowohl die positiven als auch die negativen! Im Gegensatz zu dem, was viele vielleicht denken, können Glück, Angst, Wut und Traurigkeit tatsächlich entscheidend für unseren Geist sein, wenn wir nur wissen, wie wir sie nutzen können, um eine bessere Version von uns selbst zu werden.

Sich selbst kennenlernen: Das Verstehen der eigenen Emotionen wird Ihnen den nötigen Auftrieb geben, um sich selbst besser zu studieren und sich selbst in der Tiefe kennenzulernen, wobei Sie Seiten an sich entdecken, die Sie nicht kannten, oder andere, die Sie für selbstverständlich hielten, umstoßen. Wie wir gesehen haben, ist die Analyse unserer Gefühlswelt ein erstaunlich wirksames Mittel, um nicht nur die tiefsten Seiten unseres Charakters zu verstehen, sondern auch zu lernen, auf das zu hören, was unser Körper uns Tag für Tag mitteilt, und auf die Signale, die er uns sendet, wenn eine Emotion zu stark wird. Geben Sie sich jedoch nicht damit zufrieden, sondern gehen Sie über das hinaus, was Sie bereits wissen, und stellen Sie sich selbst auf den Prüfstand, indem Sie sich fragen, was Ihnen am wichtigsten ist, an welche Werte Sie wirklich glauben oder wie Sie in dieser oder jener Situation hätten reagieren sollen. Was sind meine Unzulänglichkeiten? Woran muss ich in Zukunft arbeiten, um ein besserer Mensch zu werden? Und wie kann ich das erreichen?

Geben Sie sich nicht mit dem zufrieden, was andere von Ihnen denken, sondern fragen Sie sich selbst und akzeptieren Sie auch die schmerzhaftesten Antworten. Wenn Sie Ihre Überzeugungen testen und neue entdecken, lernen Sie sich selbst Tag für Tag besser und tiefer kennen und verstehen, was Sie wirklich wollen - nicht nur für sich selbst, sondern auch für Ihr Umfeld. Wenn Sie sich von Dingen trennen, die Sie für schädlich halten, werden Sie mit mehr Klarheit und einer neuen Sichtweise auf das tägliche Leben blicken. Indem Sie sich von schädlichen Gewohnheiten und Bekanntschaften trennen, entdecken Sie vielleicht neue Hobbys oder Menschen, die Sie vorher nicht in Betracht gezogen haben, finden neue Freude an kleinen Dingen und gehen vor allem gestärkt daraus hervor. Sie werden bald erkennen, dass wir uns nicht an unseren Mitmenschen orientieren müssen, weil es keinen wirklichen Maßstab zwischen uns und anderen gibt, und dass Sie vielleicht sogar Vorlieben haben, die denjenigen, mit denen Sie verkehren, gegen den Strich gehen. Sie könnten zum Beispiel feststellen, dass Sie rauchen, nur weil alle Ihre Freunde rauchen, oder dass Sie immer allen helfen, auch wenn Sie es nicht wollen, nur weil alle wissen, dass Sie großzügig sind und nie Nein sagen. Wie Sie sehen, kann das gegenseitige Kennenlernen überraschende Folgen und Auswirkungen auf jeden Aspekt Ihres Lebens haben, von den unbedeutendsten bis zu den wichtigsten. Ein nicht zu unterschätzender Aspekt ist schließlich, dass man, wenn man sich selbst besser kennenlernt, auch weiß, wie man seine Fähigkeiten und sein Potenzial zu schätzen weiß, und dass man mehr Selbstwertgefühl und Vertrauen in alles hat, von dem man weiß, dass man es gut kann. Zu akzeptieren und sich selbst zu sagen, dass man zu etwas fähig ist, wird Ihnen helfen, sich besser in das Spiel mit der Außenwelt einzubringen und es mit erhobenem Haupt zu tun, weil Sie sich bewusst sind, was Sie tun können, ohne Angst zu haben, im Vergleich zu anderen als mittelmäßig zu gelten.

Nein sagen können: Sehr oft nehmen Angst und Stress zu, weil wir nicht in der Lage sind, Nein zu sagen, sei es aus Angst, andere zu enttäuschen, zurückgewiesen zu werden oder uns schuldig zu fühlen, weil wir jemandem nicht geholfen haben. Ständig zu allem und jedem Ja zu sagen, kann auf seine Weise ein Weg sein, um das gleiche Leid, die Unzufriedenheit und das Grübeln zu vermeiden, das wir hier aufzeigen wollen, denn es ist einfacher, jemandem zu gefallen, auch wenn wir das nicht wollen, um nicht über die Folgen unseres Neins nachzudenken, als unsere Hilfe zu verweigern und die anderen zu Recht oder Unrecht reagieren zu lassen. Was ist, wenn er Anstoß daran nimmt? Was ist, wenn er anfängt, anderen zu sagen, dass ich egoistisch bin? Was ist, wenn er mir dann die Schuld gibt? All das sind Fragen, die wir uns schon tausendmal gestellt haben, oft in quälender Weise, und die wir lieber im Keim ersticken, um Angst und Stress nicht noch zu vergrößern. Das Wichtigste ist jedoch, zu verstehen, dass "Nein" zu sagen nicht bedeutet, sich nicht um andere zu kümmern, sondern einfach das richtige Gleichgewicht im eigenen Leben in vielerlei Hinsicht zu finden. Wenn wir immer bereit sind, Gefallen, Pflichten und Besorgungen für alle zu übernehmen, erhöhen wir nicht nur Angst und Stress, sondern auch das Verantwortungsgefühl, das wir für jede dieser Verpflichtungen empfinden, und die Angst, dass eines der Tausenden von Dingen, die erledigt werden müssen, aus dem Ruder laufen könnte.

Es ist auch unvermeidlich, dass wir kostbare Zeit opfern müssen, um allen zu helfen, dieselbe Zeit, die wir normalerweise für uns selbst und unsere eigene persönliche Pflege reservieren könnten. Wie oft haben wir schon eine freie Stunde gehabt und sie genutzt, um einen Gefallen zu tun, um den man uns gebeten hat, obwohl wir gerne eine Pause gemacht hätten, um uns auszuruhen oder unseren eigenen Verpflichtungen nachzukommen, die wir Tag für Tag aufschieben. Anstatt automatisch alles zu tun, worum man uns bittet, sollten wir also erst einmal darüber nachdenken, ob wir überhaupt Zeit haben, es richtig zu tun, ob wir dafür kostbare Zeit für uns selbst opfern müssen, vor allem aber, ob unser Gegenüber uns aus Notwendigkeit oder Interesse darum bittet.

Braucht er wirklich meine Hilfe, oder kann er es auch alleine schaffen? Dies ist eine grundlegende Frage, die Sie sich stellen müssen, wenn Sie sich in einer solchen Situation befinden, denn während es für Sie sehr einfach ist, Hilfe anzunehmen, ist es für andere sehr einfach, um Hilfe zu bitten, auch wenn sie nicht benötigt wird und weil Sie immer für sie da sind. Nein sagen zu können, ist wichtig, um sich Zeit für sich selbst zu nehmen, aber auch, um die wahren Absichten der Menschen in Ihrer Umgebung zu erkennen, d. h. um zu verstehen, ob jemand aus Vergnügen bei Ihnen ist oder nur, weil Sie ihm das Leben leichter machen. Wenn Sie nein sagen, weil Sie keine Zeit haben, dem anderen zu helfen, oder, einfacher gesagt, weil Sie nicht wollen, und Ihr Gegenüber beginnt, Ihnen ein schlechtes Gewissen einzureden, fragen Sie sich, wie gesund dieses Verhalten Ihnen gegenüber ist. Ist es fair, dass andere immer etwas von Ihnen erwarten? Und können Sie auf der anderen Seite auch etwas von ihnen erwarten?

Aber Vorsicht, das sollte nicht dazu führen, dass Sie aufhören, jemandem zu helfen, oder dass Sie jede Bitte um Hilfe als einen Versuch werten, Ihr Wohlwollen auszunutzen. Immer Ja zu sagen ist genauso falsch wie Nein zu sagen. Ihre Aufgabe ist es, das richtige Gleichgewicht zwischen beidem zu finden, sich selbst an die erste Stelle zu setzen und anderen nur dann zu helfen, wenn Sie es wollen und können, und auch dann für sie da zu sein, wenn Sie ihnen nicht auf praktische Weise helfen können. Wenn ein Freund Sie bittet, eine Arbeit für ihn zu beenden, Sie aber nicht können, weil Sie andere wichtige Verpflichtungen haben, hindert Sie nichts daran, für ihn da zu sein und sich für seine Fortschritte und Ergebnisse zu interessieren, und wenn es schief geht, ist es nicht Ihre Schuld, weil Sie ihm nicht geholfen haben.

Bevor Sie eine Verpflichtung eingehen, sollten Sie daher überlegen: Habe ich wirklich die Zeit dafür? Braucht er oder sie die Hilfe wirklich? Wie viel Zeit nehme ich mir selbst weg? Mit dieser Übung werden Sie lernen, "Nein", aber auch "Ja" zu sich selbst zu sagen.

Krisen und Rückfälle bewältigen

Eine grundlegende Sache, die wir auf unserer Reise der Wiedergeburt und des inneren Wachstums im Auge behalten müssen, ist, dass wir nicht erwarten können, dass es uns über Nacht besser geht und wir unsere Leichen im Keller vergessen und nie wieder rückfällig werden. Wie wir in diesem kurzen Leitfaden wiederholt haben, bedeutet das Erlernen des Umgangs mit Angst und Stress nicht, dass wir sie völlig beseitigen, sondern dass wir sie akzeptieren und lernen, auf gesunde Weise mit ihnen zu leben. Wie viele Schritte wir auch unternehmen können, um unsere Selbsterkenntnis und unseren Umgang mit den Ereignissen, die uns das Leben bietet, zu verbessern, die Vorbeugung verhindert nicht immer die Rückkehr einiger Zweifel aus der Vergangenheit, die uns erneut beunruhigen könnten, aus Angst, zurückzufallen und nicht wieder aufstehen zu können. In solchen Momenten ist es normal, dass man über seine Situation verzweifelt ist, denn die Angst, sich genauso schlecht zu fühlen wie vorher, lässt uns schwach und unfähig fühlen und den Drang verspüren, alles hinzuschmeißen.

Es stellt sich also die Frage: Was ist, wenn ich rückfällig werde? Was ist, wenn ich mich nicht mehr erholen kann?

Jedem Rückfall steht jedoch auch ein Aufstieg gegenüber.

Wenn wir einst in der Lage waren, uns zu erheben, warum sollten wir es jetzt, wo wir stärker sind als zuvor, nicht mehr tun können?

Zunächst einmal müssen wir uns vor Augen halten, dass die Arbeit des Einzelnen an sich selbst nie zu Ende ist: Egal, wie viele Jahre vergehen, wir hören nicht nur nie auf, neue Seiten an uns kennenzulernen, sondern wir hören auch nie auf, uns zu verändern und weiterzuentwickeln, je nach den Situationen, die wir erleben, und den unvorhergesehenen Ereignissen, mit denen wir konfrontiert werden und die unseren Weg oft auf eine Weise radikal verändern, die wir nie erwartet hätten. Angesichts dieses nicht enden wollenden - und oft sehr ermüdenden - Prozesses ist es normal, dass es Momente gibt, in denen alles vergeblich erscheint und die bisherigen Bemühungen im Nichts versinken, aber das ist nicht die richtige Sichtweise! Wir haben uns daran gewöhnt, alles und sofort zu wollen, uns im Leben anzustrengen und zu erwarten, dass wir die erhofften Ergebnisse mit wenig erreichen.

Wenn es darum geht, an sich selbst zu arbeiten, ist es jedoch keineswegs so einfach. Selbst wenn wir unser Emotionstagebuch ausfüllen und beginnen, etwas darüber zu erfahren, wer wir sind, aber immer noch unter Ängsten leiden oder mehr gestresst sind, als uns lieb ist, sollten wir das, was wir bisher getan haben, nicht als vergeudete Zeit betrachten und in nutzlose Hoffnungen investieren, "weil ich mich sowieso nie ändern werde", sondern als Schritte, die wir unternehmen haben, um unser Endziel zu erreichen: mit uns selbst zufrieden zu sein.

Im Gegenteil, mit der Zeit werden wir lernen, dieselben Rückfälle, die uns so sehr ängstigen, anders und reifer zu erleben, weil wir uns weiter verändern werden, bis wir in der Lage sein werden, jeden Moment der Schwäche als Sprungbrett zu nutzen, um uns immer weiter zu verbessern. Wenn wir zum Beispiel beim x-ten Ausbruch unseres Arbeitgebers dachten, wir hätten etwas falsch gemacht, und deshalb Angst und Stress hatten, keinen Fehltritt zu begehen, werden wir jetzt rationaler an die Konfrontation herangehen und zunächst versuchen zu verstehen, ob wirklich ein Fehler unsererseits vorlag oder nicht. Wir werden uns zum Beispiel fragen: War es richtig, dass ich mich entschuldigt habe, nur um ihn nicht zu verärgern, obwohl ich wusste, dass ich nichts falsch gemacht hatte? Die größte Schwierigkeit besteht darin, uns zu zwingen, ein solches Verhalten anzunehmen, wenn wir mit schwierigen und unvermeidlichen Momenten im Leben konfrontiert sind. Wenn wir mit Situationen konfrontiert werden, die für uns emotional bedeutsam sind und in denen wir wissen, dass wir uns schlecht fühlen könnten, scheint es ganz natürlich zu sein, uns so zu verhalten, wie wir es immer getan haben, und wegzulaufen oder uns zu verschließen, anstatt der Welt zu zeigen, wie und wie sehr wir uns seit dem letzten Mal verändert haben. Die Annahme derselben Strategien, die wir schon immer angewandt haben, tröstet uns fast, denn sie erlaubt es uns, in unsere mentale Komfortzone zurückzufallen und uns so dem Schmerz und den negativen Gefühlen, die damit einhergehen, nicht zu stellen. Wie wir jedoch bereits wissen, sollten wir dies nicht tun. Wenn wir den Impuls haben, uns in die Vergangenheit zu flüchten, müssen wir uns sagen, dass wir nicht mehr dieselben Menschen sind wie früher und dass wir jetzt in der Lage sind, so zurechtzukommen, wie wir sollten.

Deshalb sollten wir nicht erschrecken, wenn wir mit der nächsten Krise konfrontiert werden oder wenn wir feststellen, dass wir uns in einem stressigen Moment unseres Lebens befinden, vielleicht deprimiert werden und denken, dass wir keine Fortschritte gemacht haben. Im Gegenteil, dies wird der Lackmustest für die Umsetzung des Gelernten in die Praxis sein, um zu beweisen, dass wir es sind, die kontrollieren, was wir erleben, und nicht umgekehrt.

Was ist also zu tun, wenn ein Rückfall droht?

Halten Sie einen Moment inne. Denken Sie über alles nach, was Sie in diesem Buch gelesen haben, und, falls nötig, auch darüber, wie Sie bisher mit Ihren Krisenmomenten umgegangen sind.

Bevor Sie handeln, fragen Sie sich: Will ich wirklich ausbrechen? Wie kann ich mich verbessern? Wie kann ich besser mit mir selbst leben?

Die Antwort ist in Ihnen und wartet auf Sie, Sie müssen nur auf sie hören.

Hier und jetzt

Wie wir gesehen haben, besteht einer der Schlüssel zu einem besseren Leben mit sich selbst darin, ein Gleichgewicht zwischen Vergangenheit, Gegenwart und Zukunft zu finden und nicht mehr in vergangenen Ereignissen zu verharren, ohne sich zu sehr auf die Zukunft zu fixieren. Es sind nämlich nicht nur die negativen Ereignisse, die uns in der Vergangenheit verankern, sondern auch die positiven, die in Zeiten der Angst und der Depression für uns zur Idylle werden, obwohl wir uns dadurch nur noch schlechter fühlen, weil sie uns davon überzeugen, dass wir nie wieder so glücklich sein werden, wie wir es damals waren, oder im Gegenteil, dass es uns nicht so schlecht ging, wie wir dachten. Auch wenn wir uns dessen nicht bewusst sind, lassen wir oft zu, dass Erinnerungen an die Vergangenheit und Sorgen oder Träume über die Zukunft uns verzerren und einen falschen Einfluss auf uns ausüben, der uns von unserer Realität und dem, was wir jeden Tag erleben, ablenkt.

Die Konzentration auf die Gegenwart, auf das Hier und Jetzt, ist das, was Sie nicht nur brauchen, um das Leben in vollen Zügen zu genießen, sondern vor allem, um genau zu verstehen, wer Sie sind und was Sie wollen. Was sind Ihre Emotionen, die greifbaren Sorgen und die durch Stress erzeugten, die wirklichen Wünsche und die scheinbaren, die nur von der Lebensangst und der Angst vor dem Kommenden diktiert werden?

Wohlgemerkt, sich auf die Gegenwart zu konzentrieren, bedeutet nicht, alles andere um uns herum auszulöschen! Im Gegenteil, es bedeutet nur, die Vergangenheit und die Zukunft bewusster zu leben und sie in uns zu behalten, damit die Emotionen, die sie mit sich bringen, uns nicht mehr so überwältigen wie früher. Das Nachdenken über die Vergangenheit ist auch äußerst positiv, denn es erlaubt uns, aus ihr und den Fehlern, die wir gemacht haben, zu lernen, um bessere Menschen zu werden, während der Blick in die Zukunft uns hilft, den Weg zu ebnen und das kommende Leben leichter und ruhiger zu gestalten. Der Fehler liegt also nicht darin, dass wir darüber nachdenken, was wir gelebt haben und was wir leben werden, sondern dass wir dies ständig tun und dabei alles andere aus den Augen verlieren.

Es gibt verschiedene Möglichkeiten, unserem Geist zu helfen, sich auf die Gegenwart zu konzentrieren und mit dem, was wir hier und jetzt erleben, zufrieden zu sein. Zunächst einmal ist es wichtig zu wissen, wie wir ihn stoppen können, wenn wir merken, dass wir ziellos zwischen entfernten oder nutzlosen Gedanken hin- und herwandern, um ihn wieder auf das zu lenken, was wir gerade tun, ob es wichtig ist oder nicht. Dies wird uns auch helfen, den Alltag anders und bewusster zu leben, indem wir zum Beispiel kleine Dinge und all jene Handlungen bewusster wahrnehmen, die wir normalerweise mit ausgeschaltetem Verstand tun, wie zum Beispiel einkaufen oder Besorgungen erledigen. Sich auf den Duft des Kaffees am Morgen zu konzentrieren, anstatt an die Universitätsprüfung in drei Monaten zu denken, zu spüren, wie sich unsere Muskeln bei einem heißen Bad entspannen, oder an einem schönen Tag durch die Stadt zu spazieren, sind viele kleine Gelegenheiten, unseren Körper zu spüren und seine Körperlichkeit um uns herum wahrzunehmen und ihn von der Last auf unserer Brust zu befreien, die uns ständig quält. Halten Sie jeden Tag ein paar Minuten inne, weg von Smartphones und Computern, und nehmen Sie sich die Zeit, zu atmen und sich nur auf die Luft zu konzentrieren, die in Ihre Lungen ein- und ausströmt, um Ihnen die Energie zu geben, die Sie brauchen. Gleichzeitig sollten Sie sich jeden Tag eine Pause gönnen, um sich von allem zu lösen, auch von sich selbst. Das Lesen eines Buches ist hier immer die effektivste Aktivität, weil es den Geist anregt und gleichzeitig entspannt, aber es ist etwas, das wir oft vernachlässigen, weil wir immer wichtigere Aufgaben zu erledigen haben oder zu müde sind, um schlafen zu gehen. Den Tag zu unterbrechen und sich zu sagen, dass man eine halbe Stunde lang an nichts denken soll - weder an die Vergangenheit, noch an die Gegenwart, noch an die Zukunft - ist ein guter Weg, um sich selbst wiederzufinden und die Klarheit wiederzuerlangen, die man braucht, um die anstehenden Aufgaben zu bewältigen. Diese neue Selbstwahrnehmung wird Ihnen ein Glück und eine innere Erfüllung schenken, die schwer zu erreichen sind, die Ihnen aber, wenn Sie sie einmal erreicht haben, niemand mehr nehmen kann. Das Geheimnis besteht darin, dass Sie allmählich lernen, die perfekte Balance zu finden zwischen dem Glück und der Erfüllung mit den kleinen Dingen und dem Wunsch nach mehr vom Leben, ohne es jemals zu übertreiben. Vielleicht freuen Sie sich, dass Sie eine neue Teetasse gekauft haben, und wollen gleichzeitig eine Gehaltserhöhung bei der Arbeit. Wer sagt, dass das unmöglich ist?

Nehmen Sie alle Ratschläge, die Sie bisher gelesen haben, und überlegen Sie, wie Sie sie auf Ihr tägliches Leben und auf sich selbst anwenden können, indem Sie sich immer wieder vor Augen führen, für wen Sie das alles tun. Für Sie selbst.

Schlussfolgerung

Nun, da Sie diese Reise der Selbsterkenntnis abgeschlossen haben, müssen Sie sie nur noch in Ihrem täglichen Leben anwenden und sehen, wohin sie Sie führt, wobei Sie die Ergebnisse Tag für Tag bewundern können.

Gehen Sie einen Schritt nach dem anderen und finden Sie das perfekte Gleichgewicht für sich. Lernen Sie, jede kleine Errungenschaft zu schätzen und denken Sie an die nächste, die Sie anstreben. Lassen Sie negative Gefühle aus der Vergangenheit und Zukunftsängste zu, lernen Sie, damit zu leben, ohne dass sie Sie überwältigen, und bleiben Sie immer mit einem Bein in der Gegenwart. Verpflichten Sie sich, in dem, was Sie jetzt sind, und in der Welt um Sie herum verankert zu bleiben, denn die Zukunft kann warten.

Sich von Ängsten, Stress und Panikattacken zu befreien, kann ebenso wichtig und herausfordernd sein wie die Veränderung Ihres Lebens. Wie wir gesehen haben, ist es kein einfacher Weg, aber die Hindernisse, die sich Ihnen in den Weg stellen, sind die Belohnung wert.

Glück ist nicht etwas Abstraktes und Fernes, das wir mit einem Fernglas sehen und vielleicht erreichen können. Im Gegenteil, es ist uns sehr nahe, wir müssen es nur ergreifen.

Die Einsicht, dass Sie ein besseres Leben für sich selbst wollen, und die Willenskraft, dies zu tun, sind der erste Schritt, um es zu erreichen, Sie müssen nur die Augen schließen und anfangen.

Ich bin bereit, Sie auch?

Referenzen

- https://www.ipsico.it/
- https://www.stresscoach.it/
- https://www.humanitas-sanpiox.it/
- https://www.my-personaltrainer.it/
- https://www.diventarefelici.it/
- https://www.harmoniamentis.it/
- https://www.helsana.ch/it/privati.html
- http://www.attacchidansia.net/

Ein besonderes Anliegen

Ihre kurze Amazon-Rezension könnte uns wirklich helfen.
Ich würde mich freuen, Ihre ehrliche Meinung zu hören,
auch mit Foto oder Video des Buches,
hier oder durch Scannen des Codes:

https://abookforpress.com/reviewde

Ich danke Ihnen!

Printed in France by Amazon
Brétigny-sur-Orge, FR